师者，传道授业解惑也。

十年樹木長風雲

萬卷詩書宜子弟

祥和

語文教育家口述實錄賀 柳斌

著名教育家、教育部原总督学、原国家教委副主任柳斌题词

大國名師
功在千秋

当代中国语文教育家口述实录

郭振有 恭贺

戊戌金秋月

教育部原副总督学、中国教育学会原常务副会长郭振有题词

丛书编委会

总顾问：

柳斌（著名教育家，教育部原总督学，原国家教委副主任）

学术顾问：

郭振有（教育部原副总督学，中国教育学会原常务副会长）

技术顾问：

范海涛（哥伦比亚大学口述历史专业硕士，口述实录畅销书作家）

编委会主任：

顾之川（浙江师范大学教授，中国教育学会中学语文教学专业委员会原理事长）

编委会成员：

王晨（民进中央出版传媒委员会原副主任，中国语文报刊协会会长）

程翔（中国教育学会中学语文教学专业委员会学术委员会主任，著名语文特级教师）

陈军（中国教育学会中学语文教学专业委员会学术委员会副主任，上海市市北中学校长，著名语文特级教师）

刘远（中国教育学会中学语文教学专业委员会语文名师教研中心副主任，语文报社党总支书记、社长）

任彦钧（中国教育学会中学语文教学专业委员会语文名师教研中心主任，语文报社总编辑）

邓静（语文报社副社长）

贾文浒（语文报社总编辑助理，《语文教学通讯》小学刊主编）

王建锋（《语文教学通讯》高中刊主编）

彭笠（《语文教学通讯》初中刊主编）

李爱东（语文报社新媒体中心主任）

师国俊（《语文教学通讯》小学刊执行主编）

章　熊　口述　张彬福　整理

章熊口述

记下我的足迹，以俟来者

当代中国语文教育家口述实录（第一辑）

主编　任彦钧　刘　远

广西教育出版社
中国·南宁

章熊先生

总 序

　　数学大师华罗庚先生有一句名言:"语文天生重要。"关于语文这种天然的重要性,本丛书编委会主任顾之川教授曾从三个层面进行精准阐述。

　　1. 对个人来说,语文关乎个人全面发展。一个人的修养、气质、精神的形成,离不开语文,所谓"腹有诗书气自华";其学识、思维、思想,更要靠语言文字的应用能力、文学审美能力和深厚的文化积淀。

　　2. 对社会来说,语文直接影响到人与人之间的交流与沟通,是个人参与社会的重要手段。无论是与别人的沟通合作,还是参与社会活动、承担社会责任,都需要较强的表达交流能力。

　　3. 对国家来说,语文关乎国家安全与国家尊严,也往往代表着国家形象。……基础教育中的语文教育是国家语言战略的重要内容,体现着国家的文化软实力。语文固然是中小学阶段的一门学科,是中考、高考的必考科目,但语文更是我们的民族之魂、文化之根、精神之源,是实现国家认同、国际理解的基础。①

20世纪80年代以来，随着真正具有现代意义的语文学科地位、性质、特点、功能、作用的日渐厘清，在我国，无论是在中小学语文教学第一线，还是在高等院校语文教育研究领域，抑或是在语文教材研制、语文报刊出版、语文考试改革等方面，都涌现了一批贡献非凡、令人敬仰的语文教育家。他们深悉语文教育之于个人发展、社会发展和国家发展的重要性，一直抱持着神圣的使命感、崇高的责任心、源源不断的爱和激情，并为之孜孜矻矻，上下求索，谱写教改新篇，播撒智慧火种，培育时代英才。

遗憾的是，迄今业界虽然从不同维度对这批语文教育家的业绩、学说等进行了多元研究，却几乎没有人系统地观照或发掘他们作为当代中国语文教育发展的见证者、观察者、思考者、探索者的心灵史、生活史和学术史，从而导致我们不但对他们丰富多彩的生命历程缺乏动态把握，而且对当代语文教育波澜壮阔的改革潮流缺乏深度体认。更遗憾的是近年来，他们中不少人已驾鹤西去，健在者也都进入古稀乃至耄耋之年。当此之际，以口述实录的形式，对这些生命之树常青的语文教育大家的所见所闻、所思所想进行盘点、梳理、总结，既可弥补当代中国语文教育史料的不足和缺憾，也可让当代中国语文教育研究变得更具现场感和厚重感。

基于以上认识，2018年9月，根据广西教育出版社的提议和部署，我们正式启动"当代中国语文教育家口述实录"丛书的策划和编写工作，并在北京邀请部分专家、作者代表和国家级媒体记者，隆重举行了本丛书编写研讨会。

会上，我们初步确定了入选本丛书的首批语文教育家名单，遴选标准如下：

1. 入选者在语文教育界有着卓越建树和广泛影响力。

---

① 顾之川：《顾之川语文教育新论》，陕西师范大学出版总社，2016，第4—5页。

2. 入选者以中小学名师为主体，适当兼顾高校学者、出版家、考试命题专家等。

3. 入选者年龄为 70 周岁以上，且目前依然保持良好的记忆力、表达力和身体状态，能配合口述实录工作，能提供较为完备的相关资料。

4. 入选者可以物色到得力人士，承担口述实录任务。

与此同时，我们也对口述实录任务承担者的资质等提出具体要求：

1. 热爱语文教育事业，熟悉当代中国语文教育发展历程。

2. 能近距离接触入选本丛书的语文教育家，并能与其愉快交流和深度沟通。

3. 具备对笔录、录音、录影等所得史料进行整理、加工、核对、增补的能力。

为确保本丛书的权威性和专业性，我们郑重邀请著名教育家、教育部原总督学、原国家教委副主任柳斌先生担任总顾问，邀请教育部原副总督学、中国教育学会原常务副会长郭振有先生担任学术顾问。他们不仅亲临本丛书研讨会，而且欣然命笔为本丛书题词。此外，我们邀请哥伦比亚大学口述历史专业硕士、口述实录畅销书作家范海涛女士担任技术顾问，并在本丛书研讨会上对首批作者进行了专业培训。在此一并表示衷心的感谢！

我们还需要真诚感谢各位入选的语文教育家、口述实录任务承担者、编委会成员以及广西出版传媒集团、广西教育出版社有关领导和工作人员，正是大家齐心协力、精益求精，才有了本丛书的高品位、高质量和成功问世。

当今，语文教育已经大踏步跨入新时代。愿入选本丛书的语文教育家的心灵史、生活史和学术史，能在当代中国语文教育界继续发挥先导和鞭策作用，果如此，本丛书的出版便有了启迪智慧、激励人心的意义，也有了登高望远、继往开来的意义。

由于本丛书的编辑出版是一项具有抢救历史、填补空白特点的浩大工程，任务重、难度大，尤其是预先遴选的语文教育家年事已高，有的不得不中途延后，有的甚至溘然长逝，因此，我们只好一再调整计划，工作中也难免存在种种疏漏和失误，敬祈读者充分谅解并不吝指正。

"当代中国语文教育家口述实录"编委会

2019 年 9 月

序言

顾之川

几年前，任彦钧先生与我联系，说他和刘远先生准备为广西教育出版社主编一套"当代中国语文教育家口述实录"，当时我就想到章熊先生。无奈那时章熊先生身体每况愈下，已无力再做这件事，所幸他在生病期间，留下了一份完整的录音资料，详述其生平与学术，极其珍贵。章熊先生于 2019 年 1 月 21 日去世，现由首都师范大学张彬福教授经过辛勤工作，整理成这本《章熊口述——记下我的足迹，以俟来者》。彬福教授嘱我写序，我当然乐于从命。

章熊先生是我国著名语文教育家，是全国中学语文教学研究会[①]的重要创始人，也是我敬仰的语文界前辈。我曾多次到他府上拜望，有时是因为工作，有时是陪外地朋友去看他。每年春节前，我都要代表全国中语会给他拜年。就在他家那八九平方米的客厅里，我听他纵论语文风云，历数中语家史，细数教改春秋，品评南北名师。章熊先

---

① 全国中学语文教学研究会，"中国教育学会中学语文教学专业委员会"前身，本书简称"全国中语会"。

生娓娓道来，诙谐豪放，神采飞扬，机锋迭出，启人深思，伴之以他那洒脱的语调和爽朗的笑声，简直是一种难得的精神享受。可以说，研究我国当代语文教育史，尤其是我国改革开放以来的语文教育，章熊先生是无论如何也绕不开的人物。

章熊先生的语文教育研究，涉及课程、教材、教学与考试评价，著述甚丰。我曾写过一篇文章《章熊先生的语文视界》，梳理过他的语文教育研究，其具有几个特点，大致如下：

一是横跨新旧时代。章熊先生出身于苏州名门，书香世家。祖父章钰先生是清末民初的知名学者，所校注的《资治通鉴》曾受到毛泽东称赏，为中华书局版《资治通鉴》所采用。他深得祖父宠爱，幼承庭训，早年受诗文熏陶，接触过俞平伯、叶圣陶、吕叔湘等名流学者。他从上海市南洋模范中学毕业后，先考入国立中央大学中文系，后转入清华大学中文系；大学毕业后，进入清华大学附设工农速成中学（以下简称"工农中学"）当语文教师；后调入北京大学附属中学（以下简称"北大附中"），为首任语文教研组组长，而后任北大附中副校长。他从小就打下了坚实的学问基础，经国立中央大学、清华大学南北两大著名学府熏染，大学毕业后任职于清华大学、北京大学两大名校的附属中学，又身处新中国政治文化教育中心，使他既具有中国传统文化的深厚底蕴，又能在新时代的大洪流中迅速跟进，因而他能在语文教学上游刃有余，成为我国语文教育界的翘楚。

二是博览中外文化。章熊先生具有很好的外语基础，博览中外名著。早在 20 世纪 80 年代，他就与北大附中章学淳老师合作翻译了美国学者威廉·W. 韦斯特的《提高写作技能》，这是把国外的写作教学经验引入我国的第一本外国中学写作教材。翻译这本写作教材给了他很大启发，大大开阔了他语文教育研究的学术视野。

三是沟通大学中学。章熊先生虽长期在中学工作，但同时又与大学保持着密切联系。由于参与教材编写、教材审查、高考命题和全国中语会等工作，他与人民教育出版社叶圣陶、张志公、刘国正，中国社会科学院语言研究所吕叔湘，北京大学朱德熙、王理嘉、冯钟芸、孙玉石、陆俭明、何九盈、蒋绍愚，华东师范大学汪寿明，南京大学柳士镇，华南师范大学陈佳民，扬州大学顾黄初等先生都有很深的交往。这使他能够追踪语言学前沿，具有开阔的学术视野，能够站在语言学的高度审视中学语文教学，从而为他率先开展相关语文教学改革实验奠定了理论基础。

四是汇通理论实践。章熊先生的语文教育研究具有理论基础深厚、涉及面广、实用性强等特点，这源于他多年的一线语文教学经验与研究实践，特别是他在北大附中的语文教学改革实验、参与人民教育出版社中学语文教材编写、主持全国高考语文命题等研究实践。

在语文教学改革实验方面，章熊先生在北大附中率先开展"语言和思维的训练""当代文艺讲座""小论文写作"等实验，为语文教学开启了新生面。当时的教育部巡视员、全国中语会副会长苏灵扬调研后，给叶圣陶先生写信对此大加赞赏，并在《人民教育》上撰文推荐其做法。在教育科研方面，《语言和思维的训练》《提高写作技能》《简单论文写作》《中学生语言技巧的培养》《大规模考试评分误差控制及评分参照量表》《简明·连贯·得体——中学生的语言修养和训练》《中国当代写作与阅读测试》《思索·探索——章熊语文教育论集》《中学生言语技能训练》《和高中老师谈写作教学》等，都是章熊先生的重要著作。在教材编写方面，他参与了人民教育出版社多套语文教材编写工作。2002 年，我主持普通高中课程标准实验教科书语文的编写时，请他担任语文选修《文章写作与修改》的主编。章熊先生还长期担任全国中小学教材审定委员会委员，为我国中学语文教材建设倾注了大量心血。在高考命题方面，章熊先生参与教育部考试中心高考语文命题工作二十年左右，不仅是我国高考语文改革的亲历者，更是高考语文命题的实际操盘手。

梳理章熊先生对语文教育事业的贡献，还有非常重要的一项，就是他发起成立了全国中语会。1978 年 9 月，吕叔湘先生在主持北京地区语文教学座谈会时，建议成立一个民间学术组织，研讨语文教学改革问题。章熊先生与王世堪等先生一道，起草了关于成立全国中语会的倡议报告，获教育部批准。经过一年多的筹备，全国中语会于1979年12月25日在上海宣告成立。章熊先生长期担任全国中语会领导工作。这是我们中语界同人应该永远铭记的。

章熊先生的语文教育研究，奠基于语文课堂，植根于语文教材，立足于高考语文命题，因而能够根深叶茂，蔚成大家。2010年4月，在全国中语会周年大会上，中语界同人为章熊先生贺八十大寿（先生当时还不到八十岁，按"庆九不庆十"的习俗，故为先生庆八十大寿），并授予他"中学语文终身成就奖"。

章熊先生多才多艺，为人豪放。其书法作品遒劲俊逸，字如其人，尤其是挂在他家客厅沙发上方那幅"温不增华，寒不改叶"的横幅，显示着他的品格。我曾请他题写"两不厌居"匾额和"行到水穷处，坐看云起时"条幅。他喜饮，常自称"酒兴颇高，酒量一般；貌似高阳酒徒，实则不堪一击"，颇有魏晋名士风度。他60岁时曾赋诗言志："舍却心头事，不知岁月流。客稀窗几净，庭浅草木稠。腕老书成趣，山高云自浮。漫言天地广，何处觅归舟。"可见其文人气质与达观心态。

诗人臧克家在诗中写道："有的人活着，他已经死了；有的人死了，他还活着。"章熊先生虽然已经离开了我们，但他的精神和思想却还活着，因为他留下了那么多语文教育的皇皇巨著。现在，又有他口述、彬福教授整理的这本《章熊口述——记下我的足迹，以俟来者》，我们可以随时翻阅，感受其音容笑貌，领略其语文丰采，汲取其语文智慧，这是我们要永远感念的。

于京东大运河畔之两不厌居

2019 年 8 月 7 日

前言

张彬福

2019 年 1 月 21 日 12 时 24 分，章熊先生永远离开了我们，生命停止在八十八岁。在此之前，先生已经住院十个多月了，身体每况愈下。虽然我从医生那里知道先生离去之日不远，也尽力做好心理准备，但这一刻真的到来时，情难自禁，以至失声痛哭。

先生的逝世，于我是失去了一位可敬可爱的导师，对喜爱他的朋友们来说，是失去了一位才华横溢的老朋友！

更重要的是，章熊先生的逝世是中国语文教育事业的巨大损失，难以弥补。章熊先生曾说："我是在五个交叉点上的人——我处在中西方文化的交叉点上，我处在文学和语言之间的交叉点上，我处在新中国成立前后的交叉点上，我处在大学和中学之间的交叉点上，我处在曾被别人考和考别人的交叉点上。具有这样背景的人，我认为全国只有我一个。所以我经常会有一些和别人不同的看法……"

一

章熊先生的祖父是章钰先生。章钰先生，字式之，光绪二十九年

（1903年）进士，从学于俞樾，是清末民初的知名学者、藏书家，曾任清史馆纂修。章钰先生还是一位教育家，创办苏州小学堂，是苏州现代教育的奠基者，叶圣陶、顾颉刚、俞平伯等都是他的学生；章钰先生还是一位校勘学家，自称"以教书谋食，以校书遣生"，汗青头白，中华书局版《资治通鉴》就是他根据多种版本校读而成的。章钰先生治学之余兼攻书法，从四川美术出版社印行的《民国时期书法》到日本出版的《书道全集》都留有他的墨宝。由于受到家庭的熏陶，章熊先生自幼习练书法，15岁时获"'天'字科学墨水书法大赛"中学组第三名。

家庭给章熊先生以中国传统文化的陶冶，学校又给他带来了现代思维方式。先生从上海市南洋模范中学毕业后，先就读于国立中央大学，后转入清华大学。上海市南洋模范中学是当年上海三大名牌中学之一，以理科著称，与先生同级的130余人中，"文革"后第一批当选院士的就有好几个人。先生无意于理科，但自然科学所蕴含的科学意识无疑对先生以后从事中学语文教学的研究有着很大影响。国立中央大学和清华大学学者荟萃，如胡小石、罗根泽、张世禄、方光焘、李广田、吕叔湘、余冠英、陈梦家等，加之两所学校当时的学术方法不同——国立中央大学治学精深，清华大学学术开放，所见所闻，都铭刻在先生的心里。特别是清华大学，当时选课比较自由，期末没有考试，由选修者自定题目，自行收集材料，以论文评定成绩。这种学习方式培养了先生的探索精神，相信这也是后来他在北大附中大胆进行"小论文写作"实验的认识来源之一。在清华大学，先生的导师是新月派诗人、古文字学家陈梦家。导师那诗人和学者两种气质的和谐统一，似乎也在先生身上留下了影子。就这样，特定历史阶段的特定学习经历，形成了先生的知识背景和属于他自己的治学途径。

有着深厚的文化底蕴和文学造诣、科学的头脑和现代的思维方式，章熊先生不仅是一位语文教学科学化理论的构建者，也是语文教学科学化理论的实践者。

　　传统的语文教学中，语言教学的内容是静态的语言知识学习。章熊先生首先提出中学语文教学要学习语言运用而不是学习语言知识，要把语言训练与科学思维训练统一起来。早在20世纪70年代末，他在北大附中开展"小论文写作"实验，把语言运用的学习与实际生活联系起来；他又开设了"当代文艺讲座"，把语言运用的学习和提高文学素养结合起来；他是最早依照叶圣陶先生的嘱咐，在研究应用语言学的基础上完成《语言和思维的训练》《汉语表达》《简明·连贯·得体——中学生的语言修养和训练》等著作和数十篇论文，突破了以往语法、修辞、逻辑三者彼此分割、孤立地进行知识学习的陈套，厘清语言、思维、思想的关系，以简明、连贯、得体为目标，设计了大量生动巧妙的、密切结合生活实际的练习，为提高学生语言表达水平而倾注全力。"九五"规划期间，他把研究的方向定位在如何提高中学生言语技能水平的问题上，主持了"中学生言语技能与作文水平相关性检测"课题，证明言语技能与写作的高度相关性，为进一步研究在哪些方面、采用何种对策提高中学生言语技能，进而提高中学生写作水平的问题奠定了基础。课题的研究成果，在中学语文教学领域里不仅具有开创性，而且具有很强的实践性。这个课题的研究方法科学，结论可靠，获得了由教育专家、语言学家、心理学家等组成的鉴定小组的高度评价。直到先生晚年，他在患眼疾之前，还完成了集他多年心血和智慧、融入一线教师语言教学实践成果的两本大作——《中学生言语技能训练》和《和高中老师谈写作教学》，前者着眼于学生的语言操作如何进行，后者跟教师讨论怎样进行写作教学。

　　20世纪末，展开了语文教育大讨论，而章熊先生的兴奋点却在中学生言语技能训练的研究和教学设计上，他在那段时间发表了一系列文章。从1997年至2001年，他的《21世纪语文教学的展望》在《课程·教材·教法》上连载，《语文教学沉思录》在《中学语文教学》上连载，《关于"修辞格"、修辞、修辞教学的反思》在《中学语文教学》上连载，《中学生写作能力的目标定位》发表在《课程·教材·教法》

上，《模仿　类推　创造——语言训练中一个有待开发的领域》发表在《中学语文教学》上，《句子的整齐与变化》发表在《语文教学通讯》上，《中学生的言语技能训练》在《语文教学通讯》上连载。他对我说，迟早人们会意识到语文教育不进行语言教育是不行的，我们现在要静下心来做好研究，我相信到时候人们是会手心朝上跟我们要语言练习、要语言教学设计的，我们应该有这个信心，做好这方面的准备。事到如今，《普通高中语文课程标准（2017版）》对语文课程性质做了清晰的定位：语文课程是一门学习祖国语言文字运用的综合性、实践性课程。此前章熊先生就设计了"语言积累、梳理和探究"的学习任务群，并且这个任务群贯穿于多个任务群之中。

在中国语文教育界，章熊先生的语言造诣是相当深厚的，他对中学生语言发展规律和语言能力培养的研究更是深入而独到。可以说，研究中国中学生语言教学问题，缺少对章熊先生语言教育思想和实践的研究将是一大疏漏。

在当代语文教育史上，谈到语文水平的测试，章熊先生应是众多专家中的首席。这不单是因为他的专著《中国当代写作与阅读测试》一经问世，便立即成为语文测试研究者的必读书，还因为教育部考试中心在组织高考语文试卷命题组时特聘他担任组长，先生连任组长十多年。1996年我进命题组时，大家都称他为"舵主"，可见他的地位和影响。他曾经主持过几个重要的国家级科研课题，如"大规模考试作文评分误差控制"等，都产生了很大的影响，现如今的高考作文评分标准还是基于当年章熊先生课题研究成果而形成的。

在20世纪80年代之前，阅读在语文教学中的地位基本是写作的附庸，读就是为了写。1979年12月，吕叔湘先生在全国中语会成立大会上的讲话为我们记录了当时的情况。他说："现在有一种议论，说语文课应该以写作为中心，阅读是为写作做准备，为写作服务的。念些范文，看看这些范文是怎么写的，我们也怎么写，起这个作用。"吕先生还提出"阅读本身也是一种需要培养的能力"。[①] 章熊先生 1984 年进入高考语文命题组以后，与朱德熙教授一拍即合，积极推动在高考中考查学生现代文阅读能力的改革。他亲自操刀，研制现代文阅读题，探索考查内容和题型，从而引起了大家对现代文阅读能力培养的重视。时至今日，"阅读能力是一种独立的能力"这一观点已深入人心，阅读教学从内容到形式都发生了巨大的变化，章熊先生的贡献是卓越的。

不仅如此，章熊先生对语文教学中教师、学生、教材三者之间的关系，中学语文教材编写，语文教学内容改革等诸多问题，都从理论上做了具有独特视角的深入阐述，并大胆付诸实践，获得了切实的成果，支撑并拓展了他的许多观点。原中央教育科学研究所副所长、研究员潘仲茗先生曾经跟我说，章熊先生的科研能力是很强的，这在中学语文教育研究领域里是少有的。

章熊先生喜欢两句话，一句是黑格尔的"存在即合理"，另一句是《狂人日记》里的"从来如此，便对吗"。他认为，首先应承认某事物存在的合理性，历史地去看待它，不能割断历史；然而，我们又不能因为它的历史存在而忽视变革与发展。应该说，这是基于他独有的"五个交叉点"而形成的语文教学改革与发展的思维起点和基本逻辑。他强调尊重与研究语文教学的优秀传统，同时也注重面对现在和未来，思考语文教学如何改革与发展。在他的论文中，传统与现实，继承与发展，充满着辩证法。

章熊先生与中国语文教育的"三老"——叶圣陶、吕叔湘、张志公三位先生有着深入的交往，尤其得益于叶老、吕老的点拨和教导，他许多思想的来源、研究实践的方向，体现着二老的真传。换句话说，章熊先生真正传承、实践并发展了叶圣陶先生、吕叔湘先生的语文教学思想。

---

① 李行健、陈大庆、吕桂申：《吕叔湘论语文教育》，河南教育出版社，1995。

二

凡是跟章熊先生有过接触的人，都很喜欢他，尤其是年轻人，大家共同的感受是"这老头儿好玩儿"，熟识他的朋友当面或背地里都亲切地叫他"老顽童"。很多朋友知道他表字"耳山"，但一般不知其来源。20世纪80年代，章熊先生去山东开会，那里有座山叫"熊耳山"，他见有个"熊"字，便说："那我就字'耳山'吧。"他就是这么有意思。章熊先生受人尊重，朋友很多，一是因为他的学识和超群的记忆力，二是因为他的坦率和真诚，三是因为他是个智者。例如他讲语言、思维、思想三者的关系：

我们直觉地感到，语言、思维、思想之间，宛如我们居住的太阳系，"它们"一直在活动着、运转着：语言围着思维转，思维围着思想转，同时，正如我们的宇宙一样，思想又围着一个更大的天体转动，那就是社会。三者不停地运转，一方制约着一方，被制约者又反作用于对方：语言梳理激活着思维，思维梳理激活着思想。这其间，思维是个最活跃的因素。实践经验告诉我们：只要拨动了思维这根弦，学生的群体就会发生共鸣，他们的言语运用就会焕发出青春的光彩，言语技能训练就有了生命！

恕我孤陋寡闻，不知还有谁能像章熊先生这样把语言、思维、思想三者的关系讲得这么深入浅出，这不就是现在语文课程标准精神的体现吗？而他的思考却早在这段话写进文章的十几年前就已经有了！阅读《思索·探索——章熊语文教育论集》，我们会发现他对语文教育还有很多真知灼见。

有着广泛的兴趣，对新鲜事物充满好奇心，这使章熊先生始终保持着年轻人一般的活跃思维而不墨守成规，这也是他被大家喜欢的原因之一。举两个小例子。先生67岁开始学电脑，为此阅读了大量的书刊，没出一个月便学会了打字，之后写文章、存文档、发邮件便离不开电脑了。直至82岁，先生因为患了眼疾，才不得不离开他心爱的"伙伴"。还有一个例子，先生曾受托主编一本中学作文书，他不满意年轻编者的稿子，私下跟我说，这些知名的年轻编者在作文教学上的思想怎么还不如我这老家伙开放呢！他索性自己动手重写了全书的大部分内容，但是依然署大家的名字。

章熊先生严谨，做事一板一眼，从不马虎。例如我每次去他那里，他总是把要谈的问题打印出来或写在卡片上，编上号码或做上记号，清清楚楚。先生喜欢饮酒，常自嘲"貌似高阳酒徒，实则不堪一击"。后来，他的血糖偏高，医嘱不可再饮，他便真的不饮了。1997年，先生因病住院，准备手术。我陪先生的老朋友去医院探望先生，我建议那位老朋友宽慰宽慰先生，他说，章先生是讲科学的人，不必。

章熊先生家学渊源，有着深厚的国学底蕴，他的旧体诗写得好，书法也很好，这是吾辈自愧不如的。刚认识先生时，他让我帮他去琉璃厂找找他出的小楷字帖，说自己一本也没有了，腿脚不好，不方便去。我在琉璃厂找到了仅剩的几本，全部买了回来。因为他老人家字好，所以求字的人不少，他有求必应。先生尤擅小楷，为此他的学生们为他出了一本《章熊书三美曲》——全部是用小楷书写的《洛神赋》《长恨歌》《圆圆曲》等，还附有先生的篆刻作品，很是精美。

章熊先生不是完人，他自己更没有做完人的奢望。他对自己的评价是：谦虚不是我的优点，坦诚是我的本色。他家客厅沙发上方悬挂的是他书写的座右铭——"温不增华，寒不改叶"。的确，先生的坦诚也是人们喜欢他的一个重要原因。其实，先生的语文教学研究道路并不都是坦途，其中的沟沟坎坎一点儿也不比其他走在同一条路上的人少。他的教学观点未必都是真理，也不一定能够被所有人接受，但是他几十年来探索不停，笔耕不辍，确实常使与之相识者对他心生敬意。他喜欢用陶渊明《桃花源记》里的句子鼓励自己："山有小口，仿佛若有光。"

三

1997 年那场病后，先生几次动了停止工作、专心休养的念头，但仍思索不止、笔耕不辍，直至眼睛看不清才作罢。他渴求有年轻的同人继续思考和实践他所研究的问题。他在《术后闲居》一诗中写道：

飘零岁月无寒暑，渐老粗知泯恩仇。

荻花扑面惊秋早，暮霭侵襟倦远游。

气爽山高人随意，风和日丽燕栖楼。

一点豪情今尚在，半生心血看从头。

先生喜欢梁启超的《自励二首（其二）》。有一次跟我聊天，他不觉大声吟诵起其中的诗句："献身甘作万矢的，著论求为百世师。""十年以后当思我，举国犹狂欲语谁？"

那一刻，我隐约见到先生盈眶的泪水，心中又添一分敬重和责任。

在我的心里，章熊先生永远是那么可爱、可敬！他是一位充满智慧、爱心、真情并执着于事业的长者，也是一位开朗、幽默、坦诚、有时候带点顽皮劲儿的朋友！

听说"文革"时先生被关进了"牛棚"，那时家属每周可以探亲一次。每次师母都挎着一个藤条编的大篮子，篮子里上面是换洗的衣服，下面放一盒烟和一小瓶酒。师母也是苏州人，小小的，瘦瘦的，挎一个大篮子，很是吃力，甚至看起来有点儿不协调。师母此举令先生非常感动。后来，先生一直都不让家人把这个篮子处理掉，篮子始终挂在厨房里。他是多么性情，多么知恩，多么可爱啊！

生前，章熊先生坦然面对死亡，对自己的身后之事做了交代。录音里，他一板一眼、慢悠悠地诉说着，显然这是他早已想好的遗嘱，我心底里最柔软的那根弦再一次被拨动，泪水抑制不住又涌了出来。

有一个哲人说了一句很精彩的话："这个地球，这个世界，送给人类最好的礼物是什么？就是人会死亡。"讲得非常精彩。正因为人会死亡，所以人要争取生存的时间，要力求过得好一点儿。这就是鲁迅所说的，一要生存，二要温饱，三要发展。人要死亡，所以就要繁衍后代。《礼记》中有句话："饮食男女，人之大欲存焉。"也正是因为这个，推动了人类文化的发展，有继承，有发展。既然世界带给人类最好的礼物就是死亡，你们也要老的，你们也要死亡的，就不必把这个看得那么重。你们想想看，是不是有道理。

......

第一，不组织任何遗体告别仪式。有的人的心情或许会因为这事儿受到影响，何必再把这个伤疤揭开呢，没有必要。第二，我的遗体如果还有有用的东西，就都拿走，这个由医生看。他们说能用，就留下来。实际上我也没什么崇高的思想，我就觉得人死了，就是垃圾，是可以回收利用的垃圾，捡回来就是了。第三，是建议形式，我期待的是海葬。我看过一盘录像带，郑小瑛指挥奏乐，在乐声中，有人一边撒骨灰，一边撒花瓣。如果这种形式你们觉得不能接受的话，第二种形式就是建议用一种可降解的坛子，把骨灰放到坛子里，让它在地下降解，不建坟地，也不立墓碑，不让死人占着活人的地盘。人终有一天要走的——"悄悄的我走了，正如我悄悄的来；我挥一挥衣袖，不带走一片云彩"。所以人要活得潇洒一点儿。关于生死观，除了那位哲人说的话，还有庄子的故事。庄子的妻子死了，他不但不哭，而且鼓盆而歌。这个事例毛泽东好像也引用过，他还加了一句话，叫"庆祝辩证法的胜利"。当然，真有这种大智慧的人已经很少了，不过把生死看轻是应该的。

看透生死，明白人生，只有大智慧者才做得到，章熊先生就是这样的人！他既有严谨的科学精神，又有文人的情怀与气质，永远是吾辈学习的榜样。

先生的老朋友、著名特级教师顾德希先生拟了一副挽联，悼念章熊先生，表达了我们热爱章熊先生的共同心声。兹录于下：

> 公语皆达语，化雨春风，泽润杏林，一梦天西留鹤意
> 耳山归道山，遗爱尘寰，功垂学子，八方故旧泣灵旗

现在，我的老师章熊先生到他的老师叶圣陶先生、吕叔湘先生和张志公先生那里去了。我失去了恩师，语文界失去了一位孜孜以求的学者和专家。我想，对先生最好的怀念不仅在于编写这本记录他语文教育思想和实践的书，更在于吾辈学习先生的为人为学，努力把他老人家未完成的研究继续下去。

当年，先生在《思索·探索——章熊语文教育论集》里写道：

> 一个人不过是站在地球上绕着太阳转上几十圈，现在我已经转了快70圈了，还能再转多少圈呢？我不知道。给我留下的能够继续思索和探索的时间又有多少呢？我也不知道。路正长，记下我的足迹，以冀同声，以俟来者。

取此意，故本书名为"章熊口述——记下我的足迹，以俟来者"。我愿做那"来者"。你呢？也一定会吧！

于首都师范大学

2019 年 9 月 2 日

目 录

章熊先生是著名的语文教育家，语文教育测量与评价专家，在中国当代语文教育发展史上具有重要地位。自20世纪70年代至2018年，他对中学语文教学思考不断、研究不辍，为语文教育发展做出了重要贡献。他家学渊源，国学功底深厚；他为人坦诚，开朗幽默，记忆力超群，始终保有一颗年轻的心。很多认识章熊先生的人都喜欢跟他聊天、听他说话，因为他是一位智者、一个聪明和蔼的老头儿。从他的言谈之中，能学到知识，获得启发，如沐春风。我们将这本弥足珍贵的书奉献给您，也以此学习和纪念章熊先生。

章熊先生与张彬福（左）合影

第一章　我的家史

我的祖籍

张彬福（以下简称"张"）：章老师好！从现在开始，我们聊聊天，请您谈谈自己，谈谈学术研究，谈谈您想谈的事情，然后我把这些内容整理出来，跟广大读者分享。您看好不好？

章熊（以下简称"章"）：好啊！

张：您想从哪里谈起呢？

章：今天我给你讲讲我的家史，重点谈谈我的爷爷。

先说说我的祖籍。姓我这个"章"的，大都是南方人。虽然我自称是苏州人，实际祖上是浙江诸暨的，据说老祖宗出于福建，这里还有一个故事。

听说我们的老祖宗在福建的时候行医行善，有一次救了一位落荒负伤的江湖好汉。后来那位好汉"成了气候"，抢掠城池，来到我们老家那座城市的时候，想起了我们老祖宗的大恩，就派了一名手下潜入我家，给了一面小旗，说"只要插在家门口就秋毫无犯"。我们老祖宗心慈，把旗插在城门楼上。好汉看到，绕城而过，全城得以保全。

夜里，老祖宗梦见菩萨显灵，说："你命该无子，这次积了大德，赐你一子。为了显示佛法无边，这孩子脚上要留个记号——小脚趾要分出一个叉，男的两只脚都有，女的一只脚上有。"所以这个"章"又叫"破脚章"。我看看自己的脚，果然如此。

我和三姐章延说起这件事时，她哈哈一笑，说："你姐夫也是这样。"可三姐夫姓"区"，广东人，跟章家没有什么血缘关系。

后来我才知道，这是许多种族的体征，不独汉族为然。一笑置之。

我的爷爷

张：您的故事可真有意思，其实我的小脚趾也是这样。这个故事是您爷爷告诉您的吗？听说您的爷爷对您影响很大。

章：是的，我的爷爷给我的印象和对我的影响确实是很深的，下面用点儿时间说说我爷爷。

我爷爷叫章钰，生于 1865 年，卒于 1937 年，字式之，号茗簃，晚年号北池逸老、霜根老人。

爷爷家兄妹三人，爷爷是老大。叔爷爷是古董商人，无子，按照当时的习俗，我三叔章元群过继到了叔爷爷的名下。

我想特别说说我爷爷的妹妹——我的姑奶奶，这位姑奶奶是守望门寡的。她自幼被许配给一个姓孙的人家，未婚夫早殁，她矢志过门守节，终生未嫁。按照清朝律例，是应该立贞节牌坊的。事迹报了上去，慈禧太后邀她赴京，让她陪同自己在颐和园看一场戏。当然，姑奶奶坐在偏

章熊的爷爷章钰先生

廊，不能跟"老佛爷"坐在一起。不过这在当时也够"荣耀"了。

所以我的姑奶奶当时坚决反对辛亥革命，因为"革命"来了，贞节牌坊没了！

后来她随着一个过继来的儿子为生。先在南京，后到上海。当时上海住房拥挤，听说她后来比较惨。

有的书里说爷爷"幼年家贫"，我想这要看用什么标准衡量，因为一个真正贫困的家庭是没办法供孩子读书的。爷爷成年后先娶了一房，姓胡，是叶圣陶夫人的姑姑，生有一子，就是我的大爷章元善。没过多久，先头的奶奶病逝，爷爷成了鳏夫。

我的奶奶是续弦。当时有个制度：地方官每年要对本地秀才考核一次，考试成绩第一名称为"案首"。当年奶奶的哥哥，我称为二舅公的，任苏州知府。爷爷当时已是三十来岁的人了，考得了案首。二舅公一看，爷爷字写得不错，文章也中规中矩，将来必有发展；再一问，丧妻尚未续弦。于是二舅公便把奶奶许配给了爷爷，这才有了我们这一大群人。

奶奶出身官宦世家，但因为是庶出，所以高不成低不就，父亲死了，跟着哥哥过日子。奶奶嫁给爷爷以后，生了三个儿子，就是我父亲章元美、三叔章元群和四叔章元羲；生了四个女儿，大姑姑十几岁夭折，二姑之后还生了一个女儿，很快也夭折了。

我爷爷三十几岁才中举人，旋即中进士。当时一甲"赐进士及第"，二甲"赐进士出身"，三甲"赐同进士出身"。爷爷当时是二甲第十四名，相当于现在全国高考第十七名，名次是比较靠前的。

按照当时的惯例，进入三甲的，以七品官录用；二甲以上的，可以进入六品。一甲一般入翰林院，二甲则有的入翰林院，有的进入政府各部门任主事。进入哪个部门由抽签决定，爷爷当时抽到的是刑部。但他老人家晕血，平时修个脚、刻个章出点儿血都会昏过去，去刑部还要监斩，那还了得！于是赶紧告病还乡，他的仕途也从此终结。不过爷爷去世时，还是按照他的遗愿"以先朝衣冠入殓"，依然是六品服色。

一跃龙门，身价百倍。有了进士头衔，爷爷便取得了乡绅资格，地方政府自然另眼相看，督抚大员也给爷爷委派差事。当时正值"废科举"时期，爷爷就被委任为苏州小学堂督办。据著名学者、书法家、上海博物馆原馆长顾廷龙先生说，爷爷"通籍后返乡举办初等小学堂四十所，以启发民智，为开办小学之创始人，至今乡里称颂其功"①。爷爷一口气办成了40所小学，当时苏州的小学堂真像是雨后春笋！当然，那些小学堂都是在一些简陋的庙宇、祠堂里兴办起来的。尽管如此，听说奶奶、姑奶奶以及邻居的妇女们还真是忙得不亦乐乎——忙着给学生们缝制操衣。因为这是"洋学堂"，学生虽然还梳着辫子，却是要上操的。由此看来，称我爷爷为"苏州现代教育的先驱者"并不为过。

苏州是文人荟萃之地，清代就出了很多状元。即使改弦更张，当年小学堂里也是才俊之士辈出。爷爷有许多有影响力的学生：

叶圣陶，他既是爷爷的学生，又是我家的亲戚，他称我爷爷为"姑父"，我称他为"表姑父"；著名作家，教育家；全国人大常委会委员，全国政协常委。

顾颉刚，著名历史学家，以《古史辨》震动全国；全国人大代表，全国政协委员。

俞平伯，著名学者，诗人，毛泽东曾多次提到他；全国人大代表，全国政协委员。

王伯祥，现代文史研究专家，曾在北京大学任教，也曾在商务印书馆编书，著作颇丰，他的《史记选》很多人都读过；全国政协委员。

---

① 《顾廷龙全集》编辑委员会编《顾廷龙全集·文集卷》，上海辞书出版社，2015。

谈到俞平伯，就不能不谈我们家和俞家的关系。俞樾先生，号曲园，是晚清一代大儒，是我爷爷的老师；其孙俞陛云被聘为清史馆协修，跟爷爷可以算同事，但低一级，也可以算晚辈；其曾孙俞平伯是爷爷的学生。多代交往，辈分有点说不清了，但两家称为世交是毫无疑问的。

我们习惯称俞樾先生为"曲园老人"。曲园老人是文学家、经学家、古文字学家、书法家，可以称作"一代宗师"。他门生弟子极多，篆刻家、书法大师吴昌硕就出其门下，其弟子里甚至还有日本人井上陈政。那我爷爷与曲园老人的关系怎么样呢？我曾见过曲园老人给爷爷写的一封信，信的内容很怪，主要是诗；诗更怪，每个字都是 14 笔；写了一首还不算，自炫才力，又写了两首。曲园老人是个不错的诗人，他的名句"花落春仍在"为曾国藩激赏，后来曲园老人的书斋就以"春在堂"命名，有一本集子也题为《春在堂集》。曲园老人给爷爷的信里的诗可能算不得好诗——它们无法抒写性灵，只是游戏之作。游戏之作是自娱和娱人的，一般只与亲密的人交流，由此可见我爷爷与曲园老人的师生情谊。

前面说到曲园老人的弟子，就不由想到他的另一个著名门生章太炎。章太炎和我们都姓"章"，都是定居苏州而祖籍是浙江的，可是章太炎和我爷爷性格迥异。章太炎鼓吹革命，我爷爷却要以先朝衣冠入殓；章太炎性情暴烈，曾破口大骂袁世凯，我爷爷却胆小谨慎、循规蹈矩，生活上墨守成规——沪宁铁路通车时，邀请爷爷参加剪彩与试乘，爷爷问车上有没有马桶，答曰没有，爷爷就拒绝了。章太炎和爷爷虽师出同门，却一个是"火"，一个是"水"。正所谓"水火不相容"，然而从古希腊哲学或咱们的五行学说来看，"水"和"火"都是基本元素。世界是这样，社会是这样，学术研究好像也是这样。

张：您的这个比喻很妙。那么"水"应该流到什么地方去呢？

章：问得好！苏州小学堂督办的任务结束以后，为生活计，爷爷还是得外出奔波。以爷爷的特点，他更适合担任幕僚类的职务，从事一些文字类的工作。生活稳定以后，爷爷就开始了他一生的事业——买书，校勘。

先说买书。我们家房无一间，地无一垄，在我外公看来算得上清寒，有一点儿钱就买书。积少成多，最后忝入"近代藏书三十家"之林。限于经济条件，我家的藏书没有太好的版本，不过所藏手抄本据说在当时是全国第一。爷爷去世后，全家商议，子孙里谁的字写得最好，这些书就归谁，不过新中国成立以后，我们把这些书一股脑儿都捐给国家了。现在市场上能够买到的《国家图书馆章钰藏拓题跋集录》只是刊录了其中的拓片部分。

再说校勘。校勘学在清朝的兴盛，究其原因，应该与清朝的文字狱有关。知识分子写诗写文弄不好要掉脑袋，甚至连累妻子儿女，钻故纸堆才是安全的。许多知识分子中的精英进入这个领域，倒也开拓了一片天地，成就蔚为大观，形成了一股强大的学术研究潮流。

校勘是非常枯燥的。你想想，人埋在书堆里，一行一行、一字一字地比对，找到异文，还要穷本极源，提出自己的见解，这就是所谓的"汗青头白"，也叫"皓首穷经"，真没意思！我不会干，你可能也不会干。可是我爷爷干了，而且干出了成绩，这就和爷爷的性格有关系。下面我举几个例子。

我们家有一方砚台，黑黝黝的不起眼，跟普通砚台没什么两样。可是迎光照时，它有一个亮点——它被磨穿了，被我爷爷磨穿了。它是爷爷用腕力压住墨做匀速运动的结果，是爷爷"日写蝇头万余"的见证。

"铁杵磨成针"只是一个传说，生活中没有人会傻到真去那么做；"把牢底坐穿"只是戏言，屁股再硬，牢底也是坐不穿的；"水滴石穿"倒是现实，也是一种人生哲理，我爷爷磨穿的砚台类似于此。砚台被磨穿，使用价值消失，一文不值，却是我们家的无价之宝。这方砚台现在由上海博物馆收藏。

爷爷不仅喜欢做学问，也喜欢教家人。一天，我母亲看书时遇到了问题，向老人家请教。爷爷大喜——儿媳妇居然如此好学，于是让她把书房里专用的梯子搬了过来。

"到第几个架，第几层，某某函，拿下来。"

"到第几个架，第几层，某某函，拿下来。"

……

长条书案上几乎摆满了书，然后爷爷又让母亲从各函里找出第几册，翻到第几页，找到第几行。

"我的记性好吧？"爷爷得意地笑着。

张：您爷爷博闻强识，实在让人佩服！那您母亲是何反应呢？

章：我母亲脸上赔着笑，身体却疲惫极了，心里也懊恼极了，又实在无奈。

但爷爷也不是全能，比如他就不擅长理账。

有一回，爷爷带回来一笔钱，这笔钱是怎么来的我不清楚——也许是给人写寿屏或墓志赚的，也许是其他润笔费，如果是这样，那就相当于我们今天的稿费。

家里从来都是奶奶管钱，这次爷爷突然要自己理账，奶奶有些不高兴，冷眼旁观：哼，看你这次能闹出什么花样。

当时的货币状况比较复杂，好几家大银行都有权自己印发钞票，爷爷将钱按照银行归类，整理成叠。结果每叠都不是整数，爷爷理账理得头昏脑涨，只好用吴侬软语喊："太太，侬来哦！"

书呆子不谙世事，偶一破例，就出洋相。不过，爷爷不谙世事从另一个角度看，就是不受外面花花世界的干扰。

我爷爷一口苏州话，虽然旅居京津多年，却一丝未改，以至于与人沟通都有点儿困难。那时候家里装了电话，爷爷是从来不用的。一次，房间里没人，电话响个不停，没办法，爷爷拿起了话筒，努力用官话和对方沟通，不料却惹得对方生气。原来，爷爷问对方"你是谁"，对方听到的却是"你是贼"。

不仅口音难改，生活习惯亦然。爷爷每天最享受的是早上"喝"一方酱汁肉，因为肉肥，一吸而尽，所以称之为"喝"。我们有个习惯，喝完粥要舔碗，爷爷也是这样，即使亲朋宴会也如此，旁若无人。这种生活习惯好像具有排他性，拒绝一切变化。据说爷爷洗手不喜欢用肥皂，只是用水冲冲，然后拿毛巾擦擦。听我母亲说，爷爷的毛巾挺脏，手倒挺干净。前面说过，爷爷因为马桶问题拒绝参加沪宁铁路的剪彩和试乘，后来我们住在北平的时候，已经有了现代卫生设备，爷爷却依然要在书房外面搭一个小棚子，里面放一个尿桶。

总之，爷爷是个沿着自己习惯的轨道一路走下去的人。一心一意，不喜新兴事物，心无旁骛地一路走下去，这与他校勘工作中的定力和耐力是互为因果的。

爷爷去世的时候我才6岁，上面这些事都是我听家里人说的，而且大部分是当笑话来说的。在普通人看来，爷爷书生气十足，迂腐、可笑，可是反过来想一想，这也是一种不为外力左右、有点儿傻气的执着，未尝不是一种境界。

东西方传统知识分子是有差异的。外国学者也有"趣事"，中国传统知识分子则有着许多外国人没有的"怪脾气"。相比较而言，爷爷还算不上太怪，只是多了一些"迂"。我无意也无力评价儒家文化的功过得失，就许多中国传统知识分子而言，很少受外力干扰，拒绝甚至抵制各种变革、诱惑，沿着自己的轨道一路走下去，这是像我爷爷一样的人身上共有的特点。不过这样的知识分子现在已经不多了。

张：我认为您的身上留有爷爷的痕迹——您坚持从学生的实际情况和语文教学的实际情况出发，几十年潜心研究如何提高中学生言语水平的理论与实践，不受各种思潮干扰。

章：我跟他老人家没法比啊！据文献记载，《钱遵王读书敏求记校证》《胡刻通鉴正文校宋记》《宋史校勘记》《四当斋集》等，都是我爷爷相关研究的代表之作。这些我都不懂，他的学术地位很高。

中华人民共和国成立以后，要重印《资治通鉴》，听说毛主席点名要用我爷爷校勘的本子，了不起。

我还在郭沫若的文章里看到他提及爷爷，说章钰如何如何。爷爷是地道的"文士"，郭沫若则是"战士"，本是两条路上的车，互不相干。但这位"旧文士"的想法在郭沫若的文章中得以引用，且郭沫若表达了一定的敬意，不简单。

还能显示爷爷学术地位的一件事是他被聘任为清史馆纂修。

朝代更迭，本朝修前朝的历史是我国的传统。先前有史官，后来有修史机构。有了修史机构后，相关人员大多从翰林中选拔。科举废除后，就由一些饱学之士来从事这项工作。爷爷入选，可见他的学术成就已经为当时士林公认。

我爷爷的学术地位还可以从他的人际交往中得到印证。

爷爷校勘《资治通鉴》借助的是极其重要的"胡刻本"，这个善本非常珍贵，我们家是买不起的。借书者谁？是大名鼎鼎的傅增湘。傅增湘本人就是著名的校勘家，还是当时著名的收藏家，曾任北洋政府的教育总长。他肯把如此珍贵的孤本借给爷爷，可见二人关系之密切。另一个和爷爷交往密切的人叫罗振玉，我称之为"罗公公"。罗公公不但与爷爷交往密切，而且与爷爷合刊过一本用甲骨文书写的对联集存世。罗振玉可以称得上是甲骨文、钟鼎文研究的开山祖师，他的《三代吉金文存》

迄今仍是相关研究者的必读典籍。

以上几位都是"显宦"。爷爷的朋友中像这样的显宦不少，但我爷爷不是。从"显宦"的层面，爷爷和他们是走不到一起的；但这几位在当时又是相当有影响力的"文士"，从"文士"的层面，我爷爷和他们走到了一起，这体现了彼此的认同。

张：您爷爷跟传统知识分子的关系很好，那与新派知识分子的关系如何呢？

章：谈到新派知识分子，就不能不谈到胡适。胡适曾经通过大爷章元善的关系要来拜见爷爷。爷爷起初不肯见，认为"写白话文的没有好东西"，后来见过胡适以后便有所改观，说"这个人还是有学问的"。从此两家开始来往，来往最勤的则是胡适的夫人。胡适的夫人我称为"胡婆婆"，在我的脑海里，印象最深的是麻将桌上她笑嘻嘻洗牌的情景。前些日子，有电视节目介绍胡适，有他与夫人江冬秀女士的合影。看到照片，我眼前一亮：没错，就是她！

与爷爷有联系的还有外国人，他就是多年担任燕京大学校长、后来成为美国驻华大使的司徒雷登。我奶奶就会一句山东味儿的英语"What do you mean"（你是什么意思）就是为了与司徒雷登夫妇见面而准备的。当时约定，奶奶一说这句英语，我大爷就跑过来翻译，以此解围。听说司徒雷登的夫人见面时行拥抱礼，我奶奶当即面红耳赤，手足失措，窘迫、尴尬可想而知。

最后，我想借助一段文字来体现我爷爷当年的"牛气"。

1927 年，人称"南开校父"的严范孙在天津成立了崇化学会，要"继承和研究中国历代学术及经史古文"——由此而生的崇化中学至今仍是天津名校。适时我们家正旅居天津，于是崇化学会就要聘请爷爷担任主讲。《南开春秋（文史丛刊）》的记载是这样的：

经大家商议，决定请江苏长洲（今江苏省苏州市）章钰（式之）先生。……津门名人对之十分景仰，但当时约请章先生时确实费了一番功夫。

首次由严范孙、华壁臣、林墨青、赵幼梅四位约请时，章先生坚辞不就，再次邀请，先生推荐王守恂，王亦谢绝。于是四位又计议如何才能请先生"出山"。正当大家为难之际，只见华老笑着说："我有办法了。"来到章府（先生当时住今河北区中山路），仍不肯出。这时华老既严肃又郑重地走到章先生面前说："我等今日来此，也可谓三顾矣！如果三请诸葛，先生再不出山，我可要行大礼了。"说着就要下跪，章先生见此诚恳情景，连忙答应担任主讲……①

我爷爷这么做是不是"拿架子"呢？根据他的为人，肯定不是！况且严范孙不仅创办了南开大学，而且点过翰林，主持过学政，于爷爷是前辈，爷爷是不敢的；那位华老，也是天津四大书法家之一。那么，爷爷为什么要再三拒绝呢？谦虚？也许。爷爷知道自己满口苏州话，别人不容易听懂，而且口才不太好，不善于讲述，这倒是完全可能的。

我爷爷死于皮肤癌，终年七十二岁。

那是一种很特别的皮肤癌。据说初起是一个小包，随便用什么办法，比如说抹点儿万金油就能消失。随后再起，用老办法就不灵了，需要换一种方法，比如说滴一滴蜡油……可是小包越长越多，直到大面积溃烂。当时协和医院说，现有的医学文献可以查到的这种皮肤癌只有7例。

在这种情况下，我大爷就召集弟兄们开会讨论。经过讨论，大家觉得何必让老爷子遭罪呢，便请了一位与我们家来往十分密切的大夫，瞒着奶奶给爷爷打了一针，使爷爷走得没那么痛苦。

---

① 引文根据现代语言文字规范标准进行了适当修改。——编者注

爷爷走了，北平政府派了一个消防小队来家里，防止香烛引发火灾，还有一个班的巡警来维护葬礼秩序。爷爷没有一官半职，北平政府这么做，当时对我家来说是"风光"得很。

我当时只有6岁，不懂得悲伤，只记得"风光"。我记得最清楚的是：消防队员腰间的皮带上别着一把斧子，巡警班长有一把驳壳枪，还有和尚、道士、喇嘛……院子里搭了棚，黑黢黢的；客人来了要奏乐，挺热闹；然后是出殡，更热闹。

爷爷的棺材厝在法源寺，准备将来归葬苏州。结果这个计划直到抗日战争胜利以后才实现。

爷爷去世前，我们家住在北池子，所以爷爷有一个别号叫"北池逸老"。北池子家的大门是红色的，丧事期间漆成了黑色。爷爷去世了，大树既倒，飞鸟各投林，再加上抗日军兴，大家也就各奔东西了。

谈到这儿，我又想起我们家一件也许不那么有趣的"趣事"。

一年夏天，大爷休假。他当时已经是中国华洋义赈救灾总会的总干事，有了很大的房子，他搬出去另过了。有一天，他突发奇想，要请爷

章熊的大伯、章熊的父亲与章熊（右）的合影

爷讲《汉书》。于是，他把弟弟、弟媳集合在一起，恭敬如仪，等待爷爷开讲。

爷爷来了。不料爷爷他老人家只是摇头晃脑、抑扬顿挫地吟诵，诵到得意处，一拍大腿，说："好极了！"再诵到得意处，又是一拍大腿，说："好极了！真是好极了！"然后，完了。

大爷听得一头雾水，有苦说不出，这是他自己要求的，又不能打退堂鼓，气不打一处来，只好拿全家出气：硬说家里自制的酸梅汤不卫生，谁也不许喝。结果是整个夏天，弟弟、弟媳们在"封建家庭"长兄威严的阴霾下和家制酸梅汤"告别"了。

就讲到这里吧……

张：听您讲家史，真如读一部史书，我听到了很多故事。谢谢您！

附：

苏州教育界先驱
——章钰后人来苏探寻先人之墓 ①

昨天，受苏州教育界先驱章钰后人之托，虎丘中心小学副校长孙旭春等来到横塘梅湾村福寿山实地探访章钰墓。经向当地村民问讯和几经波折踏访，他们终于在福寿山东麓找到了章钰墓，在其后人当天返京前，及时把这一消息转告，了却了他们的一桩心愿。

苏州教育界的先驱

章钰是江苏长洲即今苏州人，生于1865年，卒于1937年，字式之，号茗簃，精研古籍，以收藏、校书、著述为业，尤擅校勘之业，是近代藏书家、校勘学家。据《吴县志》记载，章钰年幼即好学，少孤，十余岁时即能佣书养母，又节衣缩食用以购书。光绪中，黄彭年开藩吴中，

---

① 陈巧新、杭雷：《苏州教育界先驱——章钰后人来苏探寻先人之墓》，《姑苏晚报》2013年5月8日A12版。引文有删改。

建"学古堂",他以高才生肄业。清光绪二十九年（1903年）二甲第十四名进士。时年进士通籍后,他返乡举办初等小学堂以启发民智,是苏州开办小学的发轫者。

光绪三十年（1904年）,苏州地区始兴办官立初等小学堂,当时江苏巡抚端方奏准开办学堂四十所（俗称奏办学堂）,光绪三十一年（1905年）继任巡抚陆元鼎试办十校;光绪三十二年（1906年）七月,时任总理法部主事章钰续设十校,虎丘中心小学的前身——官立初等小学堂第二十校由此诞生。

章钰共有四子二女,四个儿子分别为章元善、章元美、章元群和章元羲,两个女儿则是章元淑、章元辉。章家目前健在的、年龄最大的后人是章元美之子章熊,今年82岁,现为教育部中小学教材审查委员、教育部考试研究委员的他,毕生从事语文教育及研究工作,享受国务院给突出贡献专家的政府特殊津贴,在有生之年,他也希望此行苏州探访到先祖之墓后,能够一起到苏州拜谒。

章钰后人探访先辈之墓

5月3日,章钰的玄外孙邹兆泽、崔新亭夫妇从北京风尘仆仆来到苏州。他们此行的一个目的是受家人重托,探访先祖章钰墓。于是他们从仅知道的"先祖在山塘街创办过虎丘中心小学"展开探访之行。他们首先找到了姑苏区,正好区政协调研员平龙根接待了他们。巧的是平龙根是虎丘中心小学的校友,就告诉了他们学校的新校址和校长的联系电话。

随后,两位老人找到位于金阊新城的虎丘中心小学新校后,即向接待他们的校长许璎、副校长孙旭春介绍了此行的目的。对于虎丘中心小学的创办人章钰,在这所小学已担任近5年校长的许璎有深刻的印象。一是学校校史馆留有一段章钰创办虎丘中心小学等十所学校的珍贵史料,二是在2006年学校举行百年校庆时,还专门编写了一本《纵横百年》宣传册，上面就记载了章钰创办这所小学的经历。因此，许校长觉得有必要帮助两位老人尽快找到章钰先生之墓。

在横塘福寿山找到章钰墓

为了尽快找到章钰墓，孙校长首先想到了自己初中的历史老师徐成章。徐老师对于苏州历史名人颇有研究，同时也有几个朋友在市政协文史委工作，巧的是他们正好在整理苏州历史名人故事。于是，在他们的指点下，终于从《横塘镇志》中翻找到了一段关于章钰墓的描述，上面这样写道：章钰墓在横塘乡梅湾村境内福寿山东麓。章钰墓地四角有四块界石，石上刻有"永思堂章"，两侧有扁界石两块，前面四根矮方莲花柱，中夹两块云栏石，四侧有石栏凳。墓地面积占地一亩多，东向有一条甬道。1966年前后，墓上石条、云栏相继被毁，甬道尚存，墓穴无损，20世纪90年代初期，有其亲属加以整修。

从北京到苏州后，邹兆泽、崔新亭夫妇一直在火车站附近的一家旅馆等待消息。而这一边，刚打听到章钰墓在福寿山，虎丘中心小学孙校长和他的老师就直奔横塘上方山的梅湾村。他们首先来到了福寿山公墓，但看护公墓的阿姨却一点儿印象也没有，后来她拿出一堆旧的记录簿让他们自己查寻，可翻找了半天也没有发现一点儿蛛丝马迹。好在这位阿姨很热心，又叫来了两位年纪大的村民一起回忆，一个是看山人，一个是村里八十多岁的老好婆。虽然他们的印象中也不记得有什么章钰墓，却提供了一个信息：附近有一个章家坟。在他们的带领下，大家前往章家坟，找到了今年84岁的单福根老人。一问起，老人居然还是章家的看坟人。在老人的带领下，孙校长等终于在福寿山东麓看到了章钰墓。墓址大致的方位没变，而墓碑则和《横塘镇志》中的描述已不太吻合，章钰墓碑上书"校勘学家章钰先生墓碑"，左右分别是原配胡玉夫人之墓和德配王丹芬夫人之衣冠冢。随后，孙校长把这一好消息第一时间告诉了邹兆泽、崔新亭夫妇，他们非常感谢："没有想到这么快就找到了！"

第二章　从学龄前到大学毕业

家庭教育

章熊的家庭合影

张：章老师家学渊源，这样的家庭环境使您从小接受文化的熏陶，请您给我们谈谈其中的感受。

章：坦率地说，我父亲是个比较平庸的人，我母亲是个才女，虽然她一天学没上过，而且是家庭妇女，可是她的文化底蕴不浅。一天学没上过，是因为家里条件好，请了人来教，请的还是个外国人，还要学外语。我还记得她说过一件有趣的事——那个外国人来了，用带洋腔的中文说："今天我们上课 two 堂 s，two 就是二，今天我们上两堂课，按照英语的习惯，复数加 's'。"

我很爱我妈妈。小时候，我妈坐在椅子上，我和姐姐两个人坐在小板凳上，她给我们讲《长恨歌》。当然，要不要给儿童讲《长恨歌》，这个值得商榷。我们当时哪听得懂呢？我妈一句一句讲，讲到伤心的地方，我妈就哭了；我姐姐一看我妈哭了，她也哭了；我看见我妈、我姐姐哭了，我也哭了。其实那时的我们哪懂爱情啊？可是现在我还背得下来《长恨歌》："汉皇重色思倾国，御宇多年求不得。杨家有女初长成，养在深闺人未识。天生丽质难自弃，一朝选在君王侧。回眸一笑百媚生，六宫粉黛无颜色……"

我妈对我们的教育也很灵活，李白有首长诗《月下独酌四首（其一）》，她就教我们背前四句，成了一首绝句："花间一壶酒，独酌无相亲。举杯邀明月，对影成三人。"我以为这就是一首绝句，等长大再一看，是一首长诗，前四句似曾相识，便融会贯通，一口气就把这首长诗背了下来。因为有底子，一看就熟，一熟就"哗哗哗"背了下来。直到现在我八十多岁了，还能背得下来，这诗好像跟我心灵相通。我想，关于文化传承教育的问题，大的方面我实在是回答不上来，这是很复杂的教育学上的问题，但是像我妈妈这样做，我很受益，觉得这是一个途径。

现在各个学校都开始注重文化传承教育了。电视上说，有的学校已经讲"勿以善小而不为，勿以恶小而为之"，还有家训、格言等也让学生分小段背或者全段背诵，大家可能注意到这条经验了。我的体会是，文化的确是需要传承的，文化需要耳濡目染。中国教育有个特点，叫储存。记得有一次我陪袁行霈到顾颉刚那儿去，顾颉刚可是历史学界的大师级人物，当时是"文革"时期，他正在一段一段写"材料"，他也不回避我们。

我一看，这个"材料"实际上是写他这一辈子就是读书。顾颉刚五岁的时候就读《易经》了，现在《易经》都是很难懂的书，但他那时候就读、就背，注重储存。现在学校已经注意到了这种方式，我认为，只要是对学生有营养的东西，就可以让学生背背记记，老师适当做一些讲解，不要以讲代背。

张：您的"不要以讲代背"的主张我完全支持！不熟读、不记忆、不积累，脑子就是空的，不要一谈积累和记忆，就认为是"死记硬背"。

章：就是啊！从我自己的体会来讲，学前时期以及中小学阶段，需要多积累、多储存。例如《诗经》，《诗经》里有很多很美的东西——"蒹葭苍苍，白露为霜。所谓伊人，在水一方"。我认为《诗经》里最好的是《国风》，《国风》里有许多情歌，适不适合孩子背，我也说不清楚。可是有一点我想是对的，那就是让孩子多背点儿诗，押韵上口，将来会有好处的。"床前明月光，疑是地上霜。"这种东西孩子容易喜欢，当顺口溜一样就背起来了。背诵和理解的面可以稍微广一些，比如"春眠不觉晓，处处闻啼鸟。夜来风雨声，花落知多少"，它实际是表现一种惜春的感觉。这种惜春之感人们也往往理解为叹惜青春，就像维吾尔族的歌曲里就有"我的青春小鸟一样不回来"这样的歌词。诗歌对孩子的教育可能是很有用的，让他们把诗歌当顺口溜背，让他们把诗歌储存起来，慢慢领悟。我当时背《长恨歌》时什么也不懂，后来岁数大了，哦，是爱情，怦然心动；老了，就觉得白居易在这首诗里表达了历史的沧桑感，有种苍凉的感觉。"春眠不觉晓，处处闻啼鸟，夜来风雨声，花落知多少"，年轻的时候读似乎感觉不到什么，等到老了再读，才能领悟到诗中有青春时光不再有的感叹。

孩提时期可以多背一些东西，随着阅历的增加再慢慢去领悟，这是我们中国教学的传统方式，可以理解为文化精品的积累和储存。对孩子来说，有的作品不大好懂，没兴趣，那就当顺口溜背，我觉得可能是一种早期教育的有效途径。

毕竟，有一些传统的好东西，过了这段时间，过了这个年龄段，等到人生道路走过不少，到了"我的青春小鸟一样不回来"和"夜来风雨声，花落知多少"的时候，再去储存，可就来不及了。

提前上学

张：我知道您很早就上学了，大学毕业时也比同年级的同学小。为什么这么早就上学呢？

章：的确，我四岁半就上了小学。怎么上得这么早呢？是我哭闹得来的。当时我跟我姐上孔德学校，孔德学校有幼儿园，有小学部，我在幼儿园，我姐姐在小学部。我觉得幼儿园没意思，就自个儿搬个小板凳坐在我姐姐旁边听课，其实我也没听懂，但就觉得上课有意思。于是我就回去哭闹，要上小学。又哭又闹，这是我小时候的一个"本事"。我妈拿我没办法，就跟小学部的老师商量，让我上小学，但不让我做作业，然后让我蹲一班。于是我就上小学了。

张：这个原因有意思，这事儿放现在恐怕不成。

章：可不是。我当时太小了，小学里的桌椅都太高，老师还从幼儿园里搬了一套桌椅。我在小学里坐在幼儿园用的桌椅上听课，显得特别奇怪。我什么作业都不做，稀里糊涂，结果呢，考试考了个大零蛋。同学们就笑话我："章熊，大零蛋。""他大零蛋喽。"我也不明白"大零蛋"是什么意思。

等到我明白了，回家又哭又闹："你们不是疼我吗，干吗让我蹲一班呢？"闹得我妈妈没办法，给我补了补课。开学一补考，我及格了，升班了。那时孔德学校小学部还有个天才班，我在普通班跟着上了一年之后，分数不错，老师又让我上了天才班。小学本来是六年制，天才班提前一年毕业，要不是抗日战争爆发，我可能还会再早一年大学毕业。

张：看来您的学习能力继承了爷爷，四岁半上学也能跟上，而且学得不错。

章：可是现在回过头看，早上学好不好呢？我觉得不好。为什么呢？我跟班上的同学不是同龄人，生理发育过程不一样不说，玩儿也玩儿不到一起。

张：您的切身感受值得思考。年龄小，上学时恐怕会出点儿问题吧？

章：是啊，不怕你笑话，跟你爆一件我的糗事。我们那个学校有一间教室是图画教室，孩子们在那里上课、画画。我是个小不点儿，能画出什么好的来呢？每次都是挨批评。

有一天，我在地上看见有一张别人画的画儿，我还记得，画的是一个人全副武装，穿着盔甲，挎着长枪，看来是男孩子画的。但画儿上没有名字，我就捡起来写上"章熊"，交了。第二天上图画课，老师拿出这张画儿来，说："章熊画的……是他画的吗？"真有意思，班上居然分成两派，男生一派，女生一派。男生一起喊，是章熊画的；女生一起喊，不是章熊画的。结果因为意见分歧，老师就把它当成章熊画的贴堂了。当时凡是画得好的就贴在一块黑板上，叫"贴堂"，下个礼拜再换一批贴堂。于是我"风风光光"地过了一个礼拜。我当时也没觉得有什么错，现在想来，不太应该。

因为上学过早，一直到上高中，我的身体发育、个头儿力气什么的，都跟同班同学不一样，所以我觉得过早上学不是一个好的办法。不过，这也说明小学的文化课也没有多少，家长不必急于给孩子提前上这个课上那个课，更没必要补很多课。

张： 现在学生之间、学校之间的竞争似乎很激烈，其实原因之一就是家长过分担忧，您的经历或许会给读者一些启发。

章： 上小学时也有我最沉痛的回忆，就是北平沦陷。头一天，当局还说要死守北平一个月，可是第二天就撤退了。我当时上小学二年级，认得几个字。我跟我妈要铜板，出去买"号外"。走到大街上一看，大家哭成一片。卖西瓜的把西瓜切开，说："这买卖我不做了，你们吃吧。"可是撤退的士兵哭着说："我没脸吃这西瓜，我们把北平丢了。"黄包车过来了，对伤兵说："来，我来拉你。"伤兵也哭着说："我没脸坐你的黄包车，我们把北平丢了。"我一个小孩子站在门口看着这情景也哭了，那一天我哭了三次。天上忽然飞来一架日本飞机，然后是"咔咔咔"的机关枪响，家里人一把就把我抱进屋里。这个场景永远留在我的脑子里。所以我们说中国梦，我那时的确有个梦，就是什么时候我们能强大。

张： 您的这段描述打动了我，虽然我没有您那样的经历，但是希望国家强盛、不受外侮，这是每一个中华儿女的祈盼；珍惜今天，不断强大，自立于民族之林是我们的梦想。

小淘气包儿

张： 前面您谈到了从小积累与存储的重要性，也谈了谈提前上学的感受，都对我们很有启发。听您前面讲的故事，我觉得您小时候比较爱哭闹，而且喜欢用哭闹当作武器，好像提前上学和不蹲班，都是您哭闹得来的。

章：不瞒你啊，我从小淘气，淘气得出格，举两个例子就够了。

一次是我住在姥姥家，有个人来拜年。当时的人喜欢戴礼帽，礼帽呢，进屋之后脱下来放在一个格子上。我就悄悄把人家的礼帽拿了下来，往里面撒了一泡尿，结果那个人走的时候一戴礼帽，不是大汗淋漓，而是"男尿淋漓"，这就很出格了吧？

还有一次是我淘气，我妈追着要惩罚我，我就跑去找我爷爷，喊："爷爷快救命啊，我妈要打我。"我爷爷就对我妈妈说："小孩子有点儿淘气，怕什么。"这公公一说话，儿媳妇也不好说什么了。问题出在后头——不挨罚了，我就拍我爷爷马屁，我说："爷爷你真好，我来给你捶捶腿！"我爷爷当然高兴了，就躺下来把腿伸直了，让我给他捶腿。我眼睛一斜，见旁边有个痰盂儿，高筒的痰盂儿，里面有水也有痰。我就捶一会儿腿，偷偷地把痰盂儿往身边拉一拉，一会儿就把它拉过来了。然后我看距离差不多了，把我爷爷的脚一抬，整个塞进痰盂儿里，我就跑了。

张：您当时为什么要这么做呢？

章：其实我到现在也没想明白为什么要那么做，也许就是淘气吧。

小时候我胆大妄为，天不怕地不怕，可我也有怕的时候。什么时候呢？刚上幼儿园的时候。当时老师有个管我们的办法叫"画地为牢"，我怕。幼儿园里的"画地为牢"是什么？就是老师拿个粉笔在墙角画一个圈儿，叫我站在里面，不许出来，这时候我就蔫儿了。

这"画地为牢"是古代的传说。相传上古时期，民风淳朴，人们大都奉公守法，所以就不盖监狱，只在地上画一个圈儿，犯罪的人坐在圈儿里，就算坐牢。据说当时的百姓认真守法，坐在地上画的圈儿里不敢出来。有一天，老师"画地为牢"，让我站在圈儿里不许出来，因为我把旁边的一个女孩子的头压了下去，压得她哇哇叫。老师问我为什么压人家的头，我理直气壮地说："她脸上有鼻涕，我看不惯。"于是老师就用粉笔在墙角画了个圈儿，说："章熊，你过来，站在里头不许出来。"这时我就服软了："老师，是我不对，我再也不敢了。"

我这种淘气的性格到了高二还是如此。我们上高二那年，学校着火了，没办法上课了。当时我们学校就从上海交通大学那儿借了两间教室和一间小一点儿的房间。工友在小一点儿的房间里，房间门口挂了个大钟，工友看这钟的时间打上课铃和下课铃。我们年级有两个男生班，不光是我一个人淘气，很多男生都很淘气。天高皇帝远，不在自己学校里，到外头了，大家有的时候真是为所欲为。举个例子，有一天上课，一个同学喊肚子疼，要上厕所，老师让他出去了。他出去一会儿就回来了，回来后就给我们使眼色，我们也不知道怎么回事。结果不一会儿就下课了，怎么下课了呢？原来他出去后，趁着校工不注意，把钟拨快了20分钟。校工一看到时间了，就摇下课铃了。我们恍然大悟，他这也够淘气的。

但还有更出格的事呢，什么事呢？上地理课去踢球。本来大家就不重视地理，加上我们觉得地理老师讲得也不怎么样，于是有人就跑到操场上踢球去了。大学多大呀，比中学好太多了，还有足球场，很多人都想去踢球。为什么大家这么大胆呢？就是因为地理老师说："有谁不愿意听我的课，可以不来，我不点名。"这句话一说，不得了，下一次他来上课，全班只剩下三分之一的人了。那三分之二的人，当然也包括我，都跑到足球场上踢球去了。大家拿一个排球当足球踢，玩儿得忘乎所以。这时地理老师说话不算数了，一看三分之二的人没来，就点名了。他这一点名不要紧，有同学就从窗户跳了出去，通知球场上的同学快点儿回来，大家就陆陆续续回来了。当时点名是这样的——到，画一个钩；不到，画一个圈儿；迟到，画一个圈儿，里面加一道杠。等到地理课下课的时候，点名册上大概有三分之一的人被画了钩，三分之一的人被画了一个圈儿加一道杠，还有三分之一的仍旧是圈儿，我是属于迟到那一类的。下课以后，地理老师气冲冲地去将情况报告给教导主任。其实这位地理老师是一位很有名的教育家。

那时候我还做过一件淘气的事。我干吗呢？给我们的国文老师捣乱。我们的国文老师是一个老贡生，课讲得我不爱听。有一天，他穿着很不搭的长袍和球鞋来给我们上课，我看着不顺眼，就给他解鞋带。我桌子上有笔，他走过来时，我把笔扔到地上，然后假装捡笔，顺手就把他的鞋带解开了。然后我就偷偷解他的扣子。他经常走来走去，我坐第一排，他走到我这儿，我就伸手偷偷把他的扣子解开一个，又解开一个，再解开一个……刚好那天讲《长恨歌》，"风吹仙袂飘飘举，犹似霓裳羽衣舞"，老师讲得高兴，一摆臂，整个大褂就敞开了，把大家逗得哄堂大笑。我当时也真是够出格的了。

张： 恶作剧式的淘气，很多人的学生时代好像都有过类似的经历。这是孩子成长中必然出现的现象吗？确实值得思考。

章： 这个现象，我也在思考，这也是我没有解决的问题。我们的两个男生班，你别看闹成这个样子，却是我们母校有名的"院士班"。两个男生班出了好几名中国科学院院士，还有个"双料院士"，他是研究飞机的，有很大功劳，还获邓小平接见。

于是我就在想一个问题——怎么看待孩子淘气。淘气的孩子往往聪明，别出心裁，也就是有所谓的创造性。像我把我爷爷的脚塞进痰盂儿，怎么就想到这点呢？怎么就能一点点挪动痰盂还不让我爷爷知道呢？怎么到了这个距离，就正好可以把爷爷的脚塞进去呢？这是我亲身经历的而又没能解释清楚的问题。因此，我认为不要把孩子淘气看得太重，出格的事当然要管，蛮横不讲理也要管，可是如何培养、如何引导孩子有创意，这的确是我们教育上一个很大的问题。当然这里的情况很复杂，有很多因素在里头，值得研究。

张：我也觉得这是一个值得深入研究的问题。那小时候的淘气对您后来工作有什么影响吗？

章：确实有影响。我长大了，当了语文老师，还保留着一些天不怕地不怕的精神。我在北大附中干了两件我很得意、但在当时看来是有点"离经叛道"的事。

一件是在 20 世纪 70 年代后期，我在学校里开始尝试"小论文写作"，惹来一场"风雨"。那时候的高考，十几个人甚至几十个人才有一个考上大学，竞争十分激烈，所以大家都很拼。在语文教学上，别的老师一般要求学生两个星期写一篇作文，可是我呢，一学期只要求学生写一篇作文——学生可以按照自己的兴趣，选择一个课题，去读书，做卡片，然后整理，写出小论文来。我很累，一篇一篇面批，直至学生的文章最终修改完成。后来有的学生的小论文还出版了。但是学校的教导主任对此提出质疑，说章熊不按教学大纲教学；家长更是议论纷纷，别的班两个星期写一篇作文，你一学期才写一篇作文，不行，再不改，我的孩子要转学。于是校长找我谈话。可是我当时牛气得很，我说："你让我上课，我就上，就这么教，要不然你就别排我的课。"

第二个学期学校居然有一个半月没给我排课，压力之大，可想而知。我给叶圣陶先生写信，写信的目的是什么呢？诉诉苦。我一般不教高三，我这个人从来不喜欢让别人牵着鼻子走。但是那年风风雨雨，压力实在太大了，我就跟学生说："我送你们到高三毕业。"结果，我带的两个班的语文平均成绩远远超过别的学校，也超过北大附中别的班。考得最好的一个班，语文平均分超过了其他班 5 分，于是大家就没话说了。

当然，我这样一意孤行给我带来了一些损失，也给我带来了一些磕绊，但是我至今不后悔。

张：您这是研究性学习，甚至算是专题研究啊！现在不少教师不正在尝试这样做吗？没想到您在几十年前就做过了。

章：还有一件我觉得很得意的事，是我开了一个"当代文艺讲座"。每三周有两节讲座，排在课表里，请学校里一位文艺学毕业的老师主讲。讲什么呢？讲电影、电视剧和小说，优秀的作品和有争议的作品都讲。结果，学生听得很高兴，一下课就跑去图书馆找书读。

只可惜，这位主讲老师后来去了国外。我是讲不了这个讲座的，当时别的学校或老师也从来没开过类似的讲座，便无法继续了。这当中有很多风波，也有很多故事，但是我很得意。

张：这个确实好！引导学生关注文艺发展，提高学生的鉴赏水平，这就是素质教育啊！您小时候的淘气对您后来工作的创造性产生了影响，这确实值得我们深思。

章：孩子淘气，有的要管，像往人家礼帽里撒尿的事，太出格了；可是有些淘气的现象，值得我们深思，别把它当成大事，而要有意识地培养孩子的创造性。一棵树要不要修剪？必须修剪，不修剪不能成材。我在果园里干过，一棵树的剪枝很有讲究，剪得好，这棵树就长开了，充分吸收阳光，可以长成"开心树"。孩子的发展也需要"修剪"，否则孩子是成不了才的。可是如何"修剪"，这是个很复杂且值得研究的问题，是一门大学问。

误入语文门

张：章老师，您对孩子的教育很有想法，您在语文教育研究上更是卓有建树，具有很大的影响力。那您是怎么当上语文教师，并且喜欢上语文教学的？

章：其实我大学毕业的时候，最感兴趣的工作是研究青铜器。青铜器多美啊！商朝的青铜器有商朝的风格，东周、西周的青铜器也有自己的风格。到了战国时期，青铜器的变化更大了，那花纹的形制，真美啊！可是那个时候跟现在不一样，大学毕业后是组织分配工作，分配你到哪儿工作，你就得去哪儿。就这样，我被分到了刚刚成立的工农中学当语文教师。

说实话，当时我对语文教学根本没兴趣，也不喜欢。但是工农中学里也有吸引我的事情——工农中学的学生跟一般的中学生不一样，学生里有好多是带有传奇色彩的人物。我刚工作那年，学生里光红军战士就有4个。最能引起我兴趣的一个学生，是县武工大队的大队长；还有一个学生是战斗英雄，是个机关枪手，立过大功的，浑身都是疤，甚至有些弹片还留在肉里没取出来。当时有一本流行小说叫《吕梁英雄传》，他们就像小说里面的英雄人物一样吸引着我，于是我怀着好奇心和浪漫主义情怀就去工农中学教书了。

尽管当时我并不愿意当中学语文教师，对语文教学也没有兴趣，但是我有个优点，就是做什么都要做好，这才有了我的中学语文教学实验与研究。

　　张： 如此说来，您跟语文教学是"先结婚后恋爱"啊，您这是干一行、爱一行、钻一行。但这是很困难的，您不仅要牺牲原有的兴趣，还要对不喜欢的工作建立起新的兴趣；不仅要从头认知这项工作，还要努力把它做好，真是太不容易了！我看您家里悬挂着您手书的条幅"温不增华，寒不改叶"，应该是您一生的座右铭吧？

　　章： 是啊！"温不增华，寒不改叶"这句话是说做人需要像松柏一样——气候好了，我也不增华，这里的"华"就是"花"；天寒地冻，我也不变色，叶子还是绿绿的。我认为，为人就要像这句话一样，它确实是我的座右铭。

章熊先生家里悬挂的座右铭

第三章　语文教学思想的发展历程

初涉教坛

张：章老师，虽然您不想做语文老师，但是命运却选择了您。一个刚毕业的"小不点儿"大学生，走上中学的讲台，会是什么样子，发生了什么故事呢？我很好奇。

章：那就从我初登讲台的经历和启发说起吧。

我是1951年大学毕业，20岁，不情愿但又充满好奇地走进了工农中学——我马上就要和《吕梁英雄传》《新儿女英雄传》里的"人物"见面了。工农中学的学生非常听老师的话，这是长期失学后的强烈心理反应，加上战争年代的组织观念——这是今天的老师难以理解的。这就是我的教学对象。而我，一个刚20岁、少不更事的小伙子，不知天高地厚，在这样一个环境里，激情加上莽撞的性格，于是就敢于"胡作非为"。

初涉教坛的章熊

有一次，我讲修辞，讲比喻，讲得眉飞色舞，然后给学生布置作业：下次写作文，凡是能够用比喻的地方，你们一定要用比喻。结果，学生的作文中出现了这样的句子：

章老师讲课，唾沫到处飞，好像满天火星，飞到学生嘴里，吸到学生心里。

这是比喻，没错，然而让人啼笑皆非。

这个例子我跟朱德熙先生说过，他哈哈大笑。后来他讲学时说："学生学了半天修辞学，不见得能写出一个好的比喻句；但咱们北京城里的老太太骂大街，有许多生动活泼的比喻，可是她们没学过修辞学。"

张：**朱先生说得真对！**

章：还有一次，我讲语法。我认为我讲得还算有条理，学生听得也很认真。可是有了上次讲比喻的经验，我总觉得有点不对劲儿——这么讲，究竟有什么用呢？

于是我去找吕叔湘先生。当时他住在清华大学北院，他很认真地听我讲我的困惑。

我说："吕先生，这么讲好像没多大意思。"

吕先生说："是没什么意思。"

我说："那您说该怎么教呢？"

吕先生想了一下，用手比画着说："我们写文章，常常有几层意思，合在一起，成了一个句子。"他又比画一下，说："我们修改文章的时候，如果觉得句子太长了，还可以把一个句子拆成几个句子。你能不能教学生学会这种本事？"

吕先生当年的音容手势至今仍历历在目，从那一刻起，吕先生带领我走上了一条新的路——它意味着我们的语言教学应该从沿袭已久的静态描述转入动态分析的轨道，还要设法把理论探讨转化成教学行为，让学生能够掌握实用的操作技能。

张：**确实是这样！知道理论是一回事，应用能力的养成才是语文知识**

教学的依归。

章：是啊，可这条路是那么漫长。自己能够操作是一回事，能够讲出道理并且指导别人操作是另一回事。直到 1976 年，我的《长短句变化》才完成初稿，整整用了 25 年！到了 20 世纪 80 年代初，我的《语言和思维的训练》第一版完稿时，我把自己那些年的心得体会归纳成了关于"语言训练"的五个专题——"长短句变化""对称句""语言的清晰性和思维的条理化""语言的连贯性""语言的强调"。

当然，这 25 年我并没有完全走在这条路上，我经历过彷徨与困惑，有一段时间，我绕过一个很大的圈子。

彷徨与思考

张：您说的彷徨与困惑指的是什么？

章："文革"中的彷徨与思考使我的思想发生了转折。

"文革"以前，我盲目地认为凡是从"上面"来的，都是正确的，只要产生了些许不同的想法，那么一定是自己错了；我不仅认错，而且不安。"文革"冲垮了我头脑中的楼阁，这是又一次虔诚的自我否定，而且是更加彻底的自我否定。我感到茫然，脑袋里一片空白，而且害怕极了。

当时几经周折，我又从"劳改队"进了课堂，但我仍然困惑，不知何去何从。不过有一点我看不惯，那就是说假话。浮夸、虚假之风让我难以接受。

然而，路在哪里？我想，我坚持唯物论，不搞唯心论，总能找到方向。

于是，我每学期都写总结，有时甚至用毛笔写，积累了几篇，回头一看，不行。尽管态度认真，我却仍然找不到答案，其原因就在于我像浮萍一样随风摇摆——真诚地随风摇摆。脚下无根，胸中无主见，就成了墙头草，不成。我依旧茫然不知所措。

就在这个时候，周恩来总理发出了"加强基础理论研究"的号召。这个号召之所以对我有那么大的吸引力，一方面在于周总理人格的感召，另一方面也和我当时的思想状态有关系。

我还有点儿自知之明，政治理论我啃不动，于是我就把当时北大附中图书馆里所有关于语文知识的书找来读了一遍。也许是因为破除了成见，也许是出于自身已有的经验，我当时得出的结论是：它们没有什么实际用处。

在这种情况下，我托人从北京大学图书馆借到一些西方20世纪50年代的原版著作，读后很受启发。其中，一位英国教授说的话给我留下了深刻的印象："修辞学者的任务，不是去研究'这是什么'，以划分概念为满足，而是要研究写作老手的经验，分析它'为什么是这样'。"我至今不知道这位教授的学术背景以及他的著作在当时的地位，但是验诸我自身的写作经验和教学经验，再加上那次与吕先生的谈话，我觉得心中好像有一盏灯被拨亮了。自此，我头脑里萌生了改造现行语文知识体系的意识。

逐渐地，我重拾"长短句变化"的旧业，并对一些修辞现象做了分析，我当时对"修辞"的理解也还仅限于"修辞格"。关于"修辞格"的一些心得，我后来在为人民教育出版社编写相关实验课本的时候写进了教学参考书里。

现在看来，正因为原有的理念粉碎了，荡然无存了，过去没有看到的或者看到而没有引起注意的现象才留下了深刻的印象。当然，留给我深刻印象而且引发我思考的还不止这些。

两项语文活动实验及语言训练的练习设计

章："文革"时期，有两件事给我留下了深刻的印象，引发我的思考。

第一件事是"以社会为工厂"的口号曾经引发了学生的兴趣，由此激发了学生写作的潜力。那时候，同学们整理了不少"村史""家史"。有个人执笔的，也有集体写作的，就文章水平而言，这些号称"初中水平"的学生显然超出了"文革"前的水平，有的相当不错。我曾经手刻油印，将那些文章编成几本小册子，可惜这些资料没能保存下来——即使能够保存下来，内容于现实来说也没有什么意义了。不过这些文章在当时确实让我眼前一亮。

今天冷静地想一想，当年北大附中之所以能够出现这样的现象，也是有其独特条件的。现在看来，主要有两方面的原因。

第一个原因是北大附中学生的组成。根据当时"划片入学"的原则，学校里北京大学和中国科学院的子弟居多。文化是一种社会传统，社会传统是不容易毁灭的，书香门第也并不那么容易"断书香"。家庭的文化氛围是这些"成果"的基础，这些学生能够做的，当时的其他学生未必能做；当时在北大附中能够出现的现象，在其他学校未必能够出现。

第二个原因是这些天真的心灵充满了浪漫情怀，而浪漫情怀恰恰也是发挥写作潜力的一种动力。学生当时所显示出来的活力我至今难忘。给学生提供充足的思想材料，把他们的思维激活，就能够唤醒他们学习和写作的潜力，我萌生了这样的理念。

另一件事是学生在北大附中农场学农期间发生的。

当时北大附中接收了一个农场，在昌平明十三陵以北，占地三千多亩，是一个山头。

当时我想让学生们在抄报刊之余试试写记叙文，学生们喊"不会写"，无奈中我想到"典型引路"的方法。正如我前面说过，北大附中的学生里面还有一些能够动笔的，于是我先找了一些学生写出若干片段：有的写开头，有的写劳动过程中的某个场景，有的写收工……当时北大附中的农场占据了整个山头，果树成林，平房成排，山墙一抹就是黑板，每块黑板上抄一段，触目皆是；然后我又辅导几个同学写成整篇，文章仍在黑板上与大家见面。

没有想到的是，学生们一下子活跃了起来。这个说"我也能写"，那个说"他写了这些，我还能写别的"。虽然仍有不动笔的学生，但是交作业的居然超过了三分之一，有的班接近一半。好的作文不少，而且学生有明显的长进，用学农期间习惯的"庄稼话"说，就是孩子们的作文像雨后的玉米，"唰"的一下拔了一节。

这时候，有个想法在我头脑里闪了出来，像闪电一样强烈——这种现象过去没有出现过！学农结束了，孩子们回家了，想法还萦绕在我的脑子里。自此，传统观念被突破了，语文能力培养中综合与分解的关系引起了我的注意。

还有些事也给我留下了深刻的印象。比如受到一些毕业了的学生在

延庆花盆公社插队期间自编油印刊物的触动，我利用三夏①的机会组织
学生编油印小报等，一时倒也轰轰烈烈。这些，对于我后来逐渐树立"语
文教学要适应社会需求"的观念来说也是有意义的。不过影响最深远的，
还是上面谈的那两件事。

历史就是这么有趣，现实生活中谬误与真理有时候是并存的。后来，
我在语文教学中的所作所为，是受上述经验驱动的；我对语文教学改革的
探索，也是沿着上述思路发展的。这是一种奇怪的现象，后来我为这一
段经历找到了一个很好的比喻：在错误的航线上也可能发现新的岛屿。

张：教育的属性是实践，您也是从实践中领悟到学习语文需要实践的
道理。是这样吧？

章：是这样的。

在语文教学的实验方面，人们比较熟悉的有"小论文写作"，引起一
些人注意的还有"当代文艺讲座"。

先说说"小论文写作"实验。

这项实验并不是那么顺利，当时备受质疑，过程也比较曲折，例如
在家长声称要给孩子转学的压力下，我有一个半月不能上讲台。尽管如
此，我还是要感谢北大附中，因为当时只有北大附中，它的环境，它的
学生，能够允许我如此"离经叛道"。

"离经叛道"的结果是我所期待的局面真的出现了！学生是那样的活
跃，在新的历史条件下的真正的活跃！学生受益，但更受益的其实是我。
有一些学生的习作给我留下了深刻的印象。

有一篇题目叫《"人性"难道还应该是个禁区吗？》的习作，这是20
世纪70年代末为打破坚冰的一声呼喊，而它却来自一位中学生！我把这

---

① 三夏，夏收、夏种和夏管的合称。

篇文章推荐到河南的一家刊物。这篇文章我全今保存着。写这篇文章的学生是个女孩子，叫黄湄，我忘不了。

再有一篇文章叫《MAP 航空港设计初想》，作者自诩这是"世界第一流"的设计。让我印象深刻的是这篇文章附有一张精心绘制的彩色示意图，画面很大，需要折叠几层才能黏附在论文后面，示意图色彩丰富，画得很精细。它告诉我现代年轻人的创造欲望。

还有一篇文章叫《抽象思维与自然科学的发展》，全文分为三部分：一是"欧几里得几何学与演绎推理"，二是"诗人·幻想·假设"，三是"回顾和展望"。这篇习作的内容完全超出了我的知识范围，我带着它向中国科学院的几位朋友请教，朋友告诉我，内容是正确的。这篇文章的作者后来上了北京大学物理系，这篇文章显示了他缜密的思维，也告诉我一位中学生可以达到的水平。

张：*您记得这么清楚，说明这些文章确实给您留下了很深的印象，也启发了您。*

章：学生的习作拓展了我的视野，雷达对抗、"天外来客"之谜、"未来学"……一篇篇习作的内容不仅大大地增加了我的知识储存量，也让我知道了中学生的世界是多么的丰富，学生们有多么大的潜力。20 世纪 80 年代初，全国中语会在北戴河召开座谈会，我把班级的小论文在座谈会上展出，引起了轰动。我很得意。

进行"小论文写作"实验，我的初衷其实很简单，就是让学生找回一点儿个性——学他们喜欢学的，再教他们学会梳理思路，理解如何表达。与此同时，也希望学生可以学会利用图书馆。图书馆可以看作是人类共有的大脑，也可以当作是每个个体大脑的延伸。我看到过一份外国幼儿园的教学大纲，"学会利用图书馆"就是其中一个章节，这让我有很深的感触。那么，就让学生到图书馆里"游泳"吧。

其实我在实验中的办法也比较粗糙，只是打字油印了一些"论文专用稿纸"，以增加学生的兴趣；学生先交初稿，我一一面批，修改后定稿。幸好我是一个"杂家"，学生的不同兴趣我还能凑合应付。我离开北大附中以后，北大附中的老师们居然把"小论文写作"坚持了下去，还增加了"论文答辩"等环节使之更趋完善。如果教师的知识背景与学生的爱好不匹配，有时批作文就不得不请别的学科老师来帮忙。迄今为止，全国"自主研发性学习"中的"小论文写作"存在着两种途径：一是论文选题不限定方向，二是论文选题只限于文科。二者各有利弊，这个矛盾现在并没有完全解决。

张：是啊，我还被邀请做过答辩评委呢。

章：斗转星移，时至今日，"自主研发性学习"以及"小论文写作"这种形式已经成了时尚概念，我倒保持了一份冷静。我以为，它们的精神意义目前已经超过了它们的实际意义。所谓"精神意义"，是指它除了提倡一种理念，还可以引发对习惯的写作教学模式的怀疑。限于现在的教学意识、环境、师资等因素，"小论文写作"这种形式目前是无法普遍实行的。

我们习惯的写作教学模式是两周写一篇作文，我的"小论文写作"却是一学期只写一篇，打破了习惯格局。我并不想颠覆两周一次的格局，然而，这种格局的效果又如何呢？无独有偶，一份资料告诉我，美国加利福尼亚教育部门曾经做过一个实验：取同校同年级两个班，一个班两周写一篇作文，一个班期末才写一篇，实验结果是两个班的写作水平并没有明显差异。这样的格局难道不值得怀疑吗？

张：是啊，我记得您曾表达过，我们现在的写作教学，常常是每次一个新题目，"来去匆匆"，难以在学生头脑里留下印象。机械地周而复始，总是在同一平面做惯性运动，这正是目前写作教学的最大弱点。

章：是啊！张志公先生说过："与其让学生每两周写一篇作文，倒不如让他们少写几篇，反复修改。"这话有道理。然而"反复修改"要有动力，每次写作文，学生都感到厌烦，叫苦，没有兴趣，又何来动力可言？面批作文，我很累，学生却很重视，改得也挺认真，张志公先生的设想我觉得我做到了！

"小论文写作"实验还引发我更深层次的理论思考，就是"合力点"与"高潮设计"的思路。后来，在香山召开的全国中学语文教材改革第二次座谈会中，我在关于写作教学的部分提出了"每学期一次高潮"的主张。我曾写过这样的话：

自然界有所谓"叠加"现象，即两个不同波段的波峰重叠的时候，波形会发生变化，新波峰的高度是原有二波峰的代数和。如果进而出现同步共振，那力量将大得惊人。心理学中也有所谓"合力点"，指的是一个人所处社会诸关系与他自身的心理倾向相协调、相结合的条件，在这样的条件中，人的发展（或好或坏）也相对加速。近来，在人才学的研究中也提出了"来潮"问题。这些都启示我们来分析学生学习语文的规律。

现在看来，"每学期一次高潮"的主张太偏颇了，头脑有些发热，但不拘泥于次数，要借助"合力点"形成"高潮"的教学设计思路是没有错的。不仅写作教学如此，阅读教学也是如此；不仅一篇课文的教学应该如此，一次课堂教学也应该如此。

我总觉得，就语文教学而言，如果一位老师言语严谨、缜密，每句话都很重要，这样上课，学生会很累，反倒容易走神；一节课有高潮，学生印象才会深刻。全国中语会的一次年会上，陈原先生做社会语言学报告，引起我极大的兴趣。我找他聊了一次，谈了上述看法。他把我的看法写进了他的《社会语言学》里，里面提到的"有经验的语文教师"就是我。

再说说"当代文艺讲座"实验，更是"离经叛道"。

"当代文艺讲座"——每三周两节课，内容是介绍当时报纸、杂志、电影、电视里优秀的或有争议的作品。这样的讲座我是没法儿讲的，主讲是一位叫何斐的老师，我全力支持。虽然我不是主讲，但这个讲座给我留下了极为深刻的印象。

每次讲座一结束，学生就直奔图书馆——他们的兴趣被点燃了。

接着，学生作文里的语言风格也发生了变化——不少幽默俏皮、生动活泼的句子出现了。这样的风格，课本里是没有的。

这样"离经叛道"的事情居然能够在《人民教育》上得到介绍。这就不能不提到当时的教育部巡视员、全国中语会副会长苏灵扬。

一天，苏灵扬来电话，说要到北大附中听课。我问她："您想听什么样的课？"她说："当然是有特色的课。"于是我把她带进了"当代文艺讲座"。

恰好何斐老师那次讲的是"朦胧诗"。"朦胧"可以有许多不同的解释，课堂上学生各抒己见，争相发言，苏灵扬非常高兴。

更让苏灵扬高兴的是，下课后学生把我们围了起来。北大附中的学生有一个特点，就是不怵生——我陪着一位满头白发的老太太来听课，一看她就来头不小，可是学生们不管这些，把我们围起来，说："我们的看法都谈了，你们还没谈呢。"更有甚者说："你们不谈不能走。"苏灵扬大悦。

兴奋之余，苏灵扬将此事告诉了叶圣陶先生，叶圣陶先生随即给我来信：昨日苏灵扬来，云北大附中有当代文艺讲座，甚好。我意则以为这种方式恐难以推广。

尽管如此，苏灵扬意犹未尽，又写稿给《人民教育》推荐这种做法。《人民教育》的编辑把稿子拿给我看，苏灵扬旨在推行文学教育，与我的初衷不太一致，于是编辑要我再写一篇。我与何斐联名写了一篇，两篇文章同时与读者见面。

果然不出叶圣陶先生所料。几年后，何斐老师移居美国，找不到接力的人，"当代文艺讲座"也就烟消云散了。

我当初的得意，变为深深的悲哀。

张：今天看来，"当代文艺讲座"带给我们什么启示呢？

章：可以从"前瞻"与"回顾"两个方面谈"当代文艺讲座"给我们的启示。

从"前瞻"方面看，就是中学语文教学无论你怎么安排，都必须有一个通道，这个通道要通向学生课外听说读写的汪洋大海。这是因为：

第一，语文教材是对人类社会生活加以提炼、提升、抽象、概括的结果。人类社会生活是在不断变化和发展的，语文教材滞后于这种变化和发展。

思想活跃是学好语文的重要条件，古今中外的名家名篇是不可缺少的思想养料，但它们只记录了我们的"昨天"，要让学生思想真正活跃起来，还要让他们面对"今天"。

第二，从语言学习的角度看，我们的母语学习总是从"习得"开始，进入"学得"，然后复归于"习得"。我们的母语又不是一成不变的，对于同一事物，在不同时期，表述它的语汇、句法、篇法和技法都是不同的。时代会在语言运用上刻下深深的痕迹。

从"回顾"方面看，虽然语文教学改革不可能脱离社会和政治，但想要健康地发展，语文教学就必须遵循它的规律。

回顾我国现代语文教学的历史，会发现语文不同于其他学科，它与社会思潮息息相关，而社会思潮是永远翻腾的。

"之"字形是人们认知的道路，"螺旋式"是社会发展的规律。我们要吸取的教训是，任何时候，既要使语文教学发挥立德树人的作用，又要为语文教学留有宽松的环境。

张：无论是"回顾"还是"前瞻"，我们都要认识到语文教学发展的道路是不平坦的。

章：如果说上述两项语文活动实验的精神意义大于实际意义，有启发价值但难以推广，重视语言训练的练习设计的思路则更有普遍意义和现实意义，而且被部分语文教师接受。

在我的论文《我对语文教学科学化的几点想法》里，我提出过一个看法，就是语文教学改革的发展方向是："名家名篇"加"科学训练方法"。

"名家名篇"的提出，除了它本身的文化价值和教育价值，还有反对当时教材编写过于政治化的意思。然而即使是名家名篇，对于它们的教学处理，由于师生的个体差异加上社会因素的影响，也是难以规划、统一的。我所说的"科学训练方法"是受到运动员训练的启发，针对语言操作训练而言的。语言操作训练的基本手段就是练习设计。

我之所以重视练习设计，是基于以下认识。

第一，母语学习的实践性。正如人只能在游泳中学会游泳一样，人也只能在使用母语的过程中提高自己的母语能力。知识是对规律的逻辑概括，它确实重要，但它不能代替使用者自身的实践。好的练习设计可以规定语言环境，便于管理。

第二，能力的综合性以及矛盾的分解与简化。"训练"是对"技能"而言的，比如说"阅读"就主要是"积淀"，而不是"训练"。"技能"又可以分为"动作技能"和"心智技能"两类。"心智技能"含有不同程度的智力因素，智力具有综合性，所以这类技能都含有不同程度的综合性。综合性使目标不容易集中，学生会感到茫然，不知如何着手，整篇作文更是这样，这是他们不喜欢写作的重要原因。有综合就有分解，科学的分解使目标相对集中，这是提高效率的有效途径。

第三，练习设计是培养教师的有效手段。设计好一个练习，需要设计者有自己对语文教学的认识和体会，还需要设计者对学生的认知过程有足够的体验和理解。练习设计促使教师研究如何发挥学生的主体作用，领悟什么是教学的艺术，从而在语文教学的其他方面得到启发。

经过实践，我的关于练习设计的思想有所发展，主要有两点：一是关于"模仿—类推—创造"的概括与探索，二是练习设计的系列化。

张：看来先生在语言训练的练习设计上下了很大的功夫。那"模仿—类推—创造"指的是什么？

章："模仿—类推—创造"是我对人类学习母语规律的概括，用传统经验概括来说，大致相当于"熟读唐诗三百首，不会吟诗也会吟"。不过走上了科学化的道路以后，它就可以脱离"感悟"的自发轨道而相对自觉化，这种训练所需的量就会比"三百首"少得多。它与基本技能训练是并行不悖的。

"模仿—类推—创造"是限制性与启发性的有机结合，学生要在各种限制中开拓空间。语言技能训练和运动员的训练有点儿像，有的是比较单调、枯燥的，但因为有思维的介入，它会比运动员的训练有趣一点儿；而"创造"具有辐射思维的特征，其结果是多样化的，所以由"模仿"而"类推"而"创造"，学生的思维就会活跃起来。

给我印象最深的是那次以"蜡烛"和"锚"为样本的两行抒情诗设计。在这次练习中，学生的活跃程度与成果大大超出了我的预期。为此，我写了一篇《模仿　类推　创造——语言训练中一个有待开发的领域》在《中学语文教学》上发表。未几就有了反应，山东一所普通中学做了类似的探索，尽管学生水平不同，老师的引导方法也有差别，但同样的效果出现了。

在确认这种练习模式的价值以后，我把它引入了高考命题。每次考试，这种类型的试题都有许多非常鲜活的答案出现。

张：受高考的影响，报刊上曾经出现过不少这样的设计，很多设计非常好，说明您的思路与老师们的经验是息息相通的。

章：老师们的很多练习设计比我的高明。

再就是关于系列化练习设计。系列化练习设计是我练习设计思路的一个重要环节。语言训练的练习设计由于技能的综合程度不同、智力参与的程度不同、限制与启发的程度不同、篇幅的大小不同等，使得学生操作的难度也存在着差异。这样，就会形成同一类别练习设计的内部可以有不同层次。这是练习设计可以系列化的理论基础。

举一个比较典型的例子，就是曾经被人民教育出版社选中而且上了电视的"房间布置与描述"的练习。当时人民教育出版社不知道这个练习是我设计的，更不知道这个练习设计得到过叶圣陶先生的充分肯定。其实我要补充说明的是，它只是我"空间描写系列化"练习的一环。

这个练习设计之所以比较典型，是因为它有两个特征。

第一，这个练习的设计思想是从学生写作的常见病与多发病里产生的。空间描写顺序紊乱是学生写作时的常见现象，这种现象之所以出现，是因为我们所能接触到的世界是三维的，是立体的；在我们的视野范围内，我们所看到的事物是同时进入我们眼帘的，是平面的；可是当我们表述的时候，句序却要分出前后，是线形的。把同时感受到的事物分出先后组成线形表达程序，而且要让读者头脑中重现这种空间位置关系，自然相当困难。这就是语病产生的原因，而在当时的语文知识体系中又找不到现成的"药方"。为了解决这个问题，我受到廖秋忠一篇论文的启发，借助"参照点"找到了两种基本模式以及这两种基本模式的综合形态与变化形态，从而为学生的操作提供了知识依据。

张：我听您讲过，这就是语文程序性知识的基本特征，它像武术中的"散打"而不像"套路"，管用，却未必系统。您的《语言和思维的训练》里面的大部分知识就是这么来的吧？

章：是啊。但现在看，那本书里的阐述还有许多不够充分甚至不够准确的地方。

第二，我把这种技能性训练按照由易到难的顺序组合成阶梯形程序。第一步，只要求学生按照技能指导（知识）对规定的事物进行表述；第二步，增加想象因素，扩展篇幅，但不要求成篇；第三步，与学生的生活体验结合起来，给予学生充分的想象空间。到了第三步，学生的思维被激活了，他们的潜能得到了充分的激发与释放。

需要特别指出的是，这种技能训练之间的联系可以是连续的，也可以是间隔的、隐形的。例如，"类比和对比"与"类比说理和借物喻理"间显然是连续的，而"词语诠释""程序说明"和"说明性描写"之间就有不小的间隔，至于"怎样回答问题"和"简单论文写作"之间拉开的距离就更大了。这个例子也出现在《语言和思维的训练》这本书中。

这里想说一件有趣的事情，《语言和思维的训练》出版以后，我曾请一位大学教师提意见。他坦率地说："我觉得这本书的逻辑有些乱。"事实上，这本书的架构从知识系统角度看，是乱的；但从学生学习的角度看，它是前后联系的。我保持礼貌性沉默。

张：他或许没理解您的用意。

章：没关系的，事情总是在发展的。虽然当时我的实践到此为止，但我的思绪仍在向前飘浮。当我看到了邓虹、徐慧琳、白雪峰等老师的实践成果以后，这种思绪就飘浮得更远了。

我想，如果把技能按难易程度的排列看作"经"，那么，是不是还可以有"纬"呢？

这个"纬"指的是视野的扩展与思维的深化。

这样一来，有"经"有"纬"，系列组合的样式就更加多样化了。

再进一步，我们习以为常的"作文"观念也可以尝试突破一下。这个词语的产生源于我国是一个文章大国。在传统教育中，"诗""文"并重，都是衡量一个人文化水平的标尺，无论是"诗"还是"文"，传统经验中都既有综合也有分解。例如，为文先做"破题"，写诗先练"对课"。那么，为什么每次作文都圄于非要成篇不可，而且还都要"另起炉灶"呢？不妨把作文的观念转换为"写作练习"，练习可"大"可"小"，有"经"有"纬"。这样，我们的写作教学每学期就可以形成几个单元，单元内部前后联系，有条件进行自主研发性学习小论文写作的学校，还可以与学生的课外阅读联系起来。

张：我认为这是一种科学的认识观，它是以完成好基础教育语文教学任务为出发点和落脚点的。

章：科学不科学目前说不清楚，但是它是符合大多数中学生写作练习实际的。

思想和理念

张：前面您介绍了关于两项语文活动实验及语言训练的练习设计的思路，这些对您语文教学产生了哪些影响？

章：20世纪70年代末，我在写《我对语文教学科学化的几点想法》时提出："语文教学的主要任务应该是开阔学生视野，陶冶学生感情，积累丰富的思想材料和语言材料，在此基础上，进行语言与思维的训练。"说实在的，写上面这段话，当时只是凭直觉，朦朦胧胧的，甚至可以说只是灵光一闪，并没有深思熟虑。"语言与思维的训练"究竟应该包含哪些内容，我当时是说不清楚的。

不过张志公先生倒是挺欣赏这个提法，他说："以后干脆不要叫'作文'了，叫'语言与思维的训练'。"我不敢这么张狂，一家之言，即使当时提出了这个想法，也不知道会有什么影响。

经过这么多年的实践，我逐渐积累了一些素材，形成了一些理念。主要有两点。

首先是语言、思维、思想之间的关系。

在实践中我逐渐形成了一种感觉，这种感觉很具体，甚至接近于诗歌里的意象。那就是：语言、思维、思想之间的关系有点像我们居住的太阳系——语言围着思维转，思维围着思想转。思想还围着一个更大的"天体"——社会。一方制约着一方，被制约者又反作用于对方。

语言、思维、思想三者的关系中，思维是中介，是最活跃的因素。大家不要对这种方式感到奇怪，科学研究中就有所谓的"模型设想"。而"模型设想"是否正确，要经过实践的检验。例如原子结构的设想，先是汤姆逊提出了"面包加葡萄干"的原子结构模型设想，但是这种设想经不住考验；直到后来卢瑟福提出了原子结构的行星模型，这个设想才逐渐被无数实验所证实，成为现代物理学、化学、生物学的基础。至于我，上述的这种模型设想是自然形成的，不是刻意追求的。当然，它是否正确也要经受实践的检验。

我曾把我的设想告诉张志公先生，他说："你有这种想法，很好。"

说到这儿，我还想谈谈我与张志公先生关于写作教学的看法的一点差异。他对我说过："写作教学不是教学生说什么、怎么想，而是学生想好了，有话说了，教他们怎么说。"验诸张志公先生之前提倡写"放胆文"，可以知道他是在反对"学生八股"，那这番话无疑是对的，这也反映出他对中学写作教学的关注点，或者说对中学写作教学任务的界定，着重放在技能培训方面。

而我，则更关注如何激活学生的思维。我认为，这是有效地进行技能培训的重要基石。

这里还要说一件事。叶圣陶先生曾经讲过"怎么想就怎么说，怎么说就怎么写"，而且说过"语言和思维就是一回事"。对此，语言学界的一些朋友有些微词。

但我知道叶圣陶先生的这些话是针对学生作文里那些"八股腔"说的。他非常厌恶那种装腔作势、虚话套话连篇的文风，而且态度非常激烈——一个亲历"五四"而激情不减的老人的激烈。

叶圣陶先生不是搞语言学的，措辞不够严密本来不足为长者病。但他老人家晚年在接近九十高龄时曾亲口对我说："看来语言和思维不是一回事。我老了，没有气力了！"这种永不停止探索的精神让我感慨，心窝发热，鼻子发酸。

通过叶圣陶先生的话，我想到的是语言训练的独立价值。

我对语言训练的认识，基于我对言语能力的分析。我把这种能力分为三个层面。

言语能力的第一个层面是规范化。语言是一种社会现象，然而个人的言语行为又是一种个体现象；言语表达是否正确，要以是否符合社会规范为依据。正如人类的其他社会行为一样，它需要受到社会规范的制约和改造。母语是可以自然习得的，不过自然习得的母语与社会规范之间往往存在着不同程度的矛盾，需要一个规范的过程，或者说适应的过程。这个过程，我们可以称之为"个体言语社会化"，它主要指书面语言，是各项语文能力得到进一步发展的基础。

言语能力的第二个层面是熟练操作。语境有内部语境与外部语境之分。内部语境指上下文，外部语境指言辞以外又和言语交际有关的诸多因素，特别是场合、情境以及交际双方的关系。在第二个层面上，言语操作的要求主要指适应内部语境，即上下文。这时候，表达者不仅已经能够对一个句子的组织操纵自如，而且对语言形式的控制范围已经超出了句法，他们已经能够自然衔接、前后呼应。我们通常把这种言语技能熟练的表现称为"语言通畅"。言语操作的这个阶段，大体上相当于我们常说的"连贯"。

言语能力达到这个水平以后，开始向两个方向延伸，即所谓的第三个层面。一个走向是适应和利用外部语境。在这个层面上，语言的运用者开始注意交际双方身份、关系以及与场合、情境等诸多因素的协调。他们不仅能够注意避免自己语言的运用和语境之间出现冲突，更高明的还能够积极利用语境来加强表达的效果，适应进而善于利用外部语境，大体上相当于我们常说的"得体"。

张：考试大纲里和语言教学中的"语言表达简明、连贯、得体"就是您基于这个研究提出的吧？这给中学语言教学打开了一扇窗，为语言运用提供了标准并指明了方向。

章：你提到的那个需要考虑高考的要求，语言表达真正做到简明是有难度的。

与上一个走向相对应的另一个走向是艺术化。我们分析语言运用的这个层面时，已经进入了语言美学领域。语言进入了艺术境界，自然具有鲜明的个性。不同的作品拥有不同的读者群，不同的读者也有各自喜爱的作家。语言艺术的沟通、感染不仅有个体差异，而且有着浓厚的文化色彩。这是运用语言的最高境界，也是主观色彩最强的层面，无论对作者还是鉴赏者都是如此。

当我们把言语能力分解成不同层面的时候，我们就会看到它们之间的关系：第一个层面是基础，第二个层面是在第一个层面上的发展，第三个层面是朝着实用和文学两个不同走向的深化。这种发展的逻辑模型大体上类似于英语大写字母"Y"。第一个层面的言语能力，包括它的书面形式，是小学阶段的教育重点，最迟到初中阶段应该大致完成；第二个层面的言语能力是中学阶段，特别是高中阶段要争取达到的目标；至于第三个层面，我们只能把它作为一种积累因素适当地延伸，不能作为教学行为的目标。

上述三个层面的能力都是后天学习而得的，但有针对性的训练和没有针对性的训练，效果大不相同，特别是第一、第二两个层面的技能。

心理学家皮亚杰认为，儿童的认知发展先于语言发展；语言学家乔姆斯基认为，认知结构是语言发展的基础。我同意他们的想法，不过有所补充，那就是：认知推动语言的发展，语言需要科学的训练。

有待探索的三个问题

张：您前面谈的这些内容有理论也有实践，特别是实践运用，值得我们好好学习领会。但是您谈语言教学内容时却没有讲到语法教学，想请您谈谈对语法教学的看法。

章：语法教学值得探索。

过去的语法教学十分烦琐，是学生的学习负担，甚至令学生厌学。

这种语法教学我是反对的。可能很少有人知道，早在 20 世纪 80 年代，我就以全国中语会的名义呈文全国中小学教材审定委员会，提出对当时语法教学的批评意见。

事情的经过是这样的。当时全国中小学教材审定委员会主任游铭钧知道我的意见，他有同感，就动员我写一份文字材料，以全体语文教材审查委员的名义递给他。个人代替整体，我觉得这种方式不妥。那时候全国中小学教材审定委员会语文组的主持人是我的老师冯钟芸先生。我找她谈了我的想法，她让我把自己的意见整理成一份文字材料，由她处理。后来冯先生告诉我，文字材料已经送上去了，内容没有变动，不过改成了全国中语会的名义。大概是游铭钧后来觉得以全体语文教材审查委员的名义约束性太强，改成全国中语会比较稳妥。但事情的过程我不清楚。

可问题是，我们应该如何处理语法教学？对此，几位长者的态度是不同的。

叶圣陶先生是很重视语文知识的。当年我翻译《提高写作技能》的时候，他就很关注，嘱咐我注意"他们讲了哪些我们没有讲过的东西"。可是对待语法教学，他老人家态度明确地说："中国人嘛，读啥子中国语法！"

叶圣陶先生不是搞语言学的，朱德熙先生则是权威的语言学学者，他也不赞成中学生学习语法。附带说一下，他还不赞成中学课本选太多鲁迅的作品。朱先生倒不是否认鲁迅在历史上的地位和其作品价值，而是认为鲁迅作品的语言绕嘴得很，文白夹杂，对学生的语言学习会有不良影响。与之映照的是他非常推崇朱自清先生的文笔，主张多选几篇。由此可见，朱德熙先生的主张是给学生营造一个学习语言的良好环境，让学生陶冶其中，自然成长。

我找到吕叔湘先生，说有人不赞成中学生学语法。我不好明说，可我知道吕先生心知肚明。吕先生回答得很干脆："不，我的意见正相反。不是不学，而是要多学，可是绝不是现在这个学法。"

接着，吕先生打了一个比方来阐述他的观点。

"现在这种教法，好比我们把孩子带进动物园，不过不是带孩子们看狮子、大象如何生活，而是把他们带进了标本室，让他们看那些死气沉沉的一鳞半爪。孩子们怎么会感兴趣！"

这个比方吕先生也写进了他的论文里，可见这是经过他认真思考的。再看吕先生关于"静态分析"和"动态研究"的论述以及对"修辞"理念的界定，可以知道吕先生的"要多学"是对我们今天开始重视的"程序性知识"而言的。

既然静态分析很重要，那么，应该如何对待中学语法教学呢？吕先生的意见是"不要提取消，提淡化"。

在中学语言知识教学这个问题上，我是追随吕先生的。我觉得，如果处理得当，中学阶段的语法教学可以起到以下作用：

一是掌握必要的概念，便于分析相应的语言现象。概念是思辨的工具，如果没有相应的概念，教与学都会遇到困难。

二是了解语法的基本规则，有助于比较自觉地纠正语病。这种作用，在成年人中较为明显，中学生中尚不显著，但这些知识具有储存作用。

三是中学生正处于从经验抽象思维向理论抽象思维过渡的时期，而语法在中学语文学科知识中是系统性最强的，可以对这种过渡起推动作用。

我曾经当过几届中国语言学会理事，纯属"历史的误会"，语言学界有些朋友因为我反对当时的语法教学而对我很不满。但无论他们中的哪一位，都没有从第三条这个角度肯定语法教学的功能。我心想：你们批评我，可你们还没看到这一点呢！我当时颇有点儿自鸣得意。

"淡化"不是取消，关键在于尺度、分寸拿捏得当。如果处理不当，效果则适得其反。

首先要转变理念：不要把语法知识作为教学目标，只把它作为一种手段。北京大学教授陆俭明曾对我说："语法就好比一个拐棍，要拐棍做什么？用它帮助走路。"我赞同他的看法。为此，可以只教不考。其实我说了也是白说，只要考试有言语技能方面的试题，教师就不敢不教。

还要注意掌控难度。汉语语法里没有解决的问题本来就很多，真正有识之士是不会难为孩子们的。我的意见是，对于那些基本概念，只取那些最典型的语言现象，让学生知道就行了。有了这些基本概念，就为指引学生操作开辟了道路。

至于哪些是学生必须知道的基本概念，我曾经列举出来，写成文章在刊物上发表。我在做语文教育论集的时候，拿出来一看，不要了。换句话说，不成熟。

还有，吕叔湘先生谈到语言知识"要多学"，这"多"究竟应该包括哪些内容？有了吕叔湘先生之前对我的指引，我知道这既要包括句法，又要超越句法。我努力过，自信也得到了一些成果，不过成果是否全面，我没有把握。后来我灵机一闪：不妨把我认为熟练运用书面语言所需要掌握的言语技能罗列出来，按图索骥，也许可以捋出脉络，这就是书里的细目表①。这个表的初稿是我在香港理工大学做课题的时候拟订的，后来进行了修订，供大家参考。我相信大家还会做很多补充。

我要特别强调的是：这里所谈的一切，都只是提供思路而不是结果。我的态度是——敢为先驱，以俟来者！

张：语法问题现在是个比较尴尬的问题，教材里的语法知识"羞答答"

---

① 详见本书第118页至第119页的《言语技能分层细目表》。

的，连目录都上不了。母语语法学习的价值到底是什么？学习什么内容？怎么学习？这些问题您给出了很有价值的意见。那您对阅读教学有什么看法呢？

章：其实我只是说说而已，决策权不在我这里，但我至少提供了一种思路。

阅读教学，是我接下来想要谈的问题。

一次在吕叔湘先生家里闲谈，吕先生对我说："现在一些出国留学的学生不会读书，不是语言问题，而是他们根本不会读书！"然后他对此做了解释。

"上课了，教授走进教室，问：'你们有什么问题？'中国学生茫然了：'您还没讲课呢！'教授也奇怪了：'我讲什么课？'国外都是学生先读参考书，上课提问题。"吕先生说。

"参考书那么多，一大摞，读不完。读的时候，可以这里一句，那里一句，组合起来，一本书的纲要就掌握了。如果一字一句读，哪里读得完！"说着，吕先生用手比画了一下。

"读"和"写"是两种不同的能力，而我国的传统经验是"读写结合"。其实早在 20 世纪 30 年代，叶圣陶先生就试图把这两种能力分开，把中学语文教学的目标规定为要让大多数学生"能读会写"，但是传统观念仍然难以动摇。

对此，张志公先生有很精辟的见解。他说："世界上所有的民族都有古语和现代语之分，可使用了现代语，古语就消失了。唯独咱们不然，古语和现代语并重，都是社会通用语言。平时说话叫'爹'叫'妈'，一提笔，却是'父母亲大人膝下敬禀者'，完全不是一码事。白话可以自然学会，文言却不学不会。再加上以前科举取士，'士农工商'，读书人地位高，于是语文教学的任务全落在写好一篇文章上面了。现在有提'以写作为中心'的，有提'以阅读为中心'的，其实骨子里都是一回事儿，都是把阅读作为写作的附庸。"

把"读"和"写"分开，我早有这个想法。1984 年我参与高考命题工作时，就推出了"现代文阅读"题型。一时全国哗然，"超纲"的攻击声四起。不过现在习惯了，而且阅读较那时也有所发展，从获取信息性阅读扩展到文学性阅读。但由于文学性阅读的多解性，如何命题等问题还是要进一步研究的。

张：高考考查现代文阅读，是您进入高考命题组之后提出来的吧？

章：人们都以为我是第一个吃螃蟹的人，其实不是，我不能贪天之功，应该还历史的真相，把功劳还给朱德熙先生。

那年试题的文本取自摩尔根的《古代社会》，但即使是细心的人也不会从这本书里找到与试题完全相对应的章节，因为试题是朱德熙先生从整本书中挑选了一些段落组合而成的，天衣无缝，译文里每一个句子都经过朱德熙先生亲手厘定。这件事我至今记忆犹新，它使我真正领略了什么是学者风范！当年朱先生、潘兆明、我三个人坐在朱先生家的客厅里，朱先生找来了《古代社会》的原本和译本，膝上放着英语词典，我们原文与译文一句一句比对，有觉得不妥的，由朱先生斟酌、确定。不仅如此，最后的定稿也是朱先生抄写的，而我只不过是将定稿带到了命题组。正因为如此，加之朱先生的威望，这篇石破天惊的文章在当时才得以顺利通过，否则以我那时的地位，恐怕会是另一种局面。

事后，有人责问我"为什么不选中国人写的？""为什么不选文学名篇？"我理直气壮地回答："是的，你说的有道理。可是我要反问一句，为什么不能选外国人写的？为什么不能选这样的文学？这本书也是经典著作，也是许多人文学科的大学生的必读参考书。我认为，这样做才能考查学生真实的阅读能力！"

在高考试卷上推出"现代文阅读"题型，且局面逐渐稳定以后，我又隐隐约约觉得不安：我会不会丢掉了点儿什么——会不会丢掉了我国传统经验里有用的部分呢？所以我为曾祥芹先生的《阅读技法系统》作序时有这样一段话：

由于东方式的哲理思维和长期科举取士的影响，我国在阅读方面的传统经验有两个值得注意的特点。一个是注重文意本体的追求，另一个是把阅读当作揣摩如何谋篇的手段。与此相对照的是，在西方，阅读就是阅读，它只是一种获取信息的手段，而且更注重于阅读所诱发的连锁性的发散型思考。寸有所长，尺有所短，我国传统的阅读经验也自有其长处和短处。其长处是在把握文意的精确性方面我们优于西方，其短处是有时陷于寻章摘句，过于追究微言大义面不能自拔；另一方面，则是把大部分注意力集中在篇章方面而使阅读成了写作的附庸。

长处也好，短处也好，每一位打算建立起具有中国特色的阅读学体系的学者都必须对此形成自己的观点。

既要跟上时代的步伐，不囿于原有的经验，又要保留其精华，应该怎么办？我也不知道。现在研究中学写作教学的时候，这个问题又凸显出来。我目前想到的有两点。

一个是"起承转合"，这是我国过去篇章学的核心。对此，张志公先生曾以鲁迅《一件小事》为例做过分析；启功先生也有过论述。"起承转合"是一个谋篇的流程，关于这个流程我现在是这样理解的：引发需要读者关注的焦点到深化、扩展，进而强化心理效应，最终返回焦点、加深印象。

这种谋篇方式是符合阅读的心理过程的。值得注意的是，不同民族文化有不同的谋篇方式。20世纪60年代有一位名叫卡普兰的学者对这个问题进行了研究。他认为，篇章的组织方式具有语言和文化的特殊性，反映了人的思维模式。他还用图示的办法表示了5种语言的谋篇特点，我给你画出来。

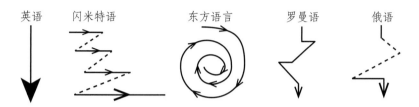

"起承转合"我实在不太懂，因此不好深入谈。你如果有兴趣可以去研究。

另一个是声调。汉藏语系是有声调的，汉语的声调艺术具体地说就是平仄处理。诗歌不论，骈文里"仄顶仄，平顶平"也不说，单是一般散文就有不少讲究。

在国立中央大学学习期间，我曾师事胡小石、段熙仲、张世禄等诸位先生，知道一点儿，苦不甚多。我曾在文章里谈过一些，也引用过启功先生对王安石《读孟尝君传》的声调分析以及旧作《〈匆匆〉的声调艺术》，希冀能引起一些注意。

我耳边有时会响起张志公先生的声音："论古文，叶老比我强，我比你强，你比下一拨儿老师强。"代代递减，难道《广陵散》于今绝矣"？

张：吾辈确实惭愧，没有受过系统的国学教育，底子太薄了。

章：我虽然比你强，但也远不如叶圣陶先生那一辈啊。

除了上面谈到的那些，我对语文教材编写方面还有一些思考。

叶圣陶先生不止一次地提出语文教学要寻找"序"，这一点，语文教学界都知道，并且引发了各种各样的思考。他老人家也不止一次地和我讲过这一点，也引发了我的思考。

"序"的根本在于教材编写。关于教材，叶圣陶先生不止一次地跟我讲："不要以为好的文字才能当教材，不那么好的也能当教材，甚至写得不好的也能当教材。"这个看法与当时的观念大相径庭，然而我觉得很重要，我认为这是突破藩篱的一个重要启示。

第一，这种观念是相当超前的。长期以来，我们都把一篇篇"好文章"作为教学的依据，这种观念把它打破了！观诸世界教材观念的发展，由"课"到"单元"，由"课本"到"教材"，这是教育理念的进步。在曾经闭关自守的中国，坚冰刚刚化冻，在这些教育理念进入中国之前，叶圣陶先生就已经提出了类似的见解。

第二，这是立足点和视角的根本变化。长期以来，我们都把"文质兼美"作为选材的唯一标准。要想贯彻叶圣陶先生的思想，就要以学生为主体，就要研究学生的认知规律，就要以此为基础寻求新的线索，开辟新的途径。

张：与之类似的还有叶圣陶先生关于中学生阅读能力的要求。记得他老人家说："不但要让中学生能够读那些写得好的文章，还要让他们能够读那些写得不那么好甚至写得不好的文章，因为他们将来读的大多数是写得不那么好甚至写得不好的文章。"叶圣陶先生的观念，用现在的话来说，就是要注意培养学生筛选信息的能力。这一点，也值得我们思考。

章：是的。谈到叶圣陶先生所呼唤的"序"，就会联想到吕叔湘先生提出的"科学化"。两位老人意气相投，私交甚笃，两种提法此呼彼应。虽然所想未必完全一致，然而所表达的是相同的焦虑，是为语文教学效率不高而产生的焦虑，是对一线教学工作者的期待。

关于吕先生所提的"科学化"，世间有许多误解，甚至有人抨之为"科学主义"，其实这样的人根本不理解吕先生。吕先生的"科学化"是指探究语文教学的内在规律。同理，有人把"序"理想化，设想语文教材可以像数学课本一样，教师只要一步一步教，按部就班，就可以到达彼岸。叶圣陶先生也不是这个意思。

第三，关于语文教材的编写。要研究中学语文教材编写，就要了解中学语文的学科特点。我把中学各学科按其主要特征分为三种基本类型。这里要强调一句：以下只是我个人的看法。

第一种学科类型我称之为"反映型"。这类学科课程的特点是把客观世界直接切分，组成学科体系，例如生物学科的界、门、纲、目、科、属、种等。学习这类课程，主要靠的是记忆。

第二种学科类型我称之为"抽象型"。这类学科课程的特点是把客观世界中的某个方面抽象出来，经过推导，组成学科体系，最典型的是数学。学习这类课程，智力比较重要。

第三种学科类型我称之为"技能型"。这类学科课程的特点是在教师指导下有计划地进行实践。技能有不同层次，对智能的要求也不同，但都必须通过学生自己的反复操作才能完成学习任务，最典型的就是体育课。

以上的分类只是就中学不同课程里构成要素的主要倾向而言的，事实上，中学许多课程都带有不同程度的综合性。比如生物课，动物、植物的分类及描述是反映型的，而物种进化的理论则是高度抽象的。再如物理课，它是非常抽象的，而实验则富于技能因素，由此衍发，就是基础物理和工程物理，抽象理论和经验理论。

中学语文的一大特点就是综合性特别突出。它有反映型因素，如文学史、作品的相关知识等；有抽象型因素，如对人与人、人与自然的思考等；也有技能型因素，特别是言语操作。研究中学语文教材的编写就要从认真研究中学语文的特点开始。

　　先看阅读。从《昭明文选》到《古文观止》，乃至今天的语文课本，都是以一篇篇作品为基本单位的，即便是节选，也是自成首尾。我国如此，国外亦然。我们可以找一条线索把它们串起来，历史的、地域的、体裁的、社会生活的……但是每篇作品，无论就其自身而言，还是就学生的认知过程而言，都是一个封闭的系统，前后没有内在的、必然的联系。

　　还要看到语文教材的另一个特点，那就是内容处理的不确定性。其他学科，教材大致规定了内容范围，语文则不然。一首《木兰辞》，小学可以教，中学可以教，到了大学中文系还可以教，教的内容却大不相同。不仅如此，即便是同一所学校同一个年级，不同老师对同一篇课文的处理也可以不同。不同老师所设定的教学目标、内容处理及其延伸、生发都可以是很不一样的。

　　我们还要注意到，一些有经验的教师还可以对教材进行"重构"。所谓"重构"，就是打乱原来的顺序，按照自己的需要选择，重新编排。中学阅读教材之所以能够"重构"，就在于它们各个单位——篇或单元之间没有稳定不变的、必然的逻辑关系，可以容纳教师极大的主观能动性。

　　这样看来，要在中学语文阅读课本里设定一条前后衔接、显示出实质性联系的序列，恐怕是不行的。

　　再看写作。尽管学生写作的内容要受到社会意识以及学生个人生活环境、经验的制约，但是在技能方面却是有"序"可循的。

　　特别是在教材选编方面，我们可以明显地感受到学生例文的作用。我曾经开玩笑地说："学生的优秀作文如同健康活泼的儿童，尽管还不成熟，但儿童喜欢和儿童一块玩儿。"不仅学生的优秀作文如此，即或是有缺点的习作也与同龄人水平相近、经验相连，有普遍性，所以容易产生感应。我们不妨把它们和阅读课本里的范文比一下，范文是非常重要的，但它们只能起到积淀作用，这种作用要在一定时间以后才能显现；而学生例文只要选得合适，就能够立竿见影。我想，这是符合叶圣陶先生的理念的。

这类教材以技能训练为主体，编写时还要注意它在形态上的特征——螺旋式。

我写《和高中老师谈写作教学》的时候，为了比较系统地阐述我的认识，采取的是章节式线性排列，转化成教材，就要改成螺旋往复、循序渐进的形式，而且最好理性思维、感性思维交错，言语技能训练穿插其间进行。

像任何熟练技巧一样，掌握写作技能，包括谋篇要领的过程，是一种螺旋式发展的运动。按照螺旋式运动的规律，我们可以把学生学习写作的活动总量称为"运动量"，把学生通过这些活动所获得的进展称为"发展量"。这样，写作训练的运动量必定大大超过它的发展量，这是规律。

我之所以建议理性思维和感性思维的训练交错进行，是考虑到另一个因素——学习过程中的心理疲劳。每一位有经验的老师大概都有这方面的体会。至于言语技能训练，我的想法是，不妨像"补白"一样穿插其间，让学生每次练习以后有消化的时间，成为一种缓冲成分。

在编写教材的时候，我希望大家再考虑一个因素——弹性。

"弹性"是西方教材理论的一个概念，意思是要有一定的灵活性，能适应不同的情况。我国幅员广阔，学生、教师差别极大。我也曾开玩笑说："什么是'特色'？就是你长了两只眼睛，两只眼睛要朝两个方向看。"玩笑归玩笑，在编写教材的时候还是要认真对待的。

首先要考虑的问题是：这套教材是只针对某一个层次的学校，还是希望有更大的覆盖面？

如果是后者，则还要思考两个问题：第一，怎样才能适应不同层次的学生？根据我的观察，同一年龄段而水平不同的学生，其理解能力的差距要小于操作能力的差距。那么，是不是可以增加练习设计的数量，按照难易程度排列，由教师根据本校学生水平选择？第二，怎样才能给教师提供比较灵活的选择和重构的余地？一般来说，这种能从学生的实际状况出发、创造性地使用教材的教师是比较少的，但应该鼓励这种主动性。为此，不妨考虑教材的切分粗疏一点儿、模糊一点儿。比方说，只分三个年级，甚至称为"初级""中级""高级"，这样，教师灵活处理时余地就会大一些。

此外，还可以考虑让教材的文字简单一些，而参考书厚重一些。

以上就是我的认识。对不对呢？两位老人都已作古，伊人宛在而音容渺茫，我已经无法请教，无从请他们评定了！

张：听您一席话，我深深感到叶圣陶先生、吕叔湘先生对您影响至深。谢谢您！

第四章　语言教学道路上的艰辛探索

几个基础性问题

张：章老师，想请您着重谈谈您的重要研究成果——中学生言语能力培养。从哪里谈起，您定。

章：好啊！语言教学是一条充满荆棘的道路，但是也要往前闯啊！咱们从基础性认识谈起吧，这是咱们后面谈话的基础。

语感的形成，是一个耳濡目染、潜移默化的过程。长期以来，这个过程依靠的是直觉，学生是在一种无意识状态下获取技能、发展能力的。"熟读唐诗三百首，不会吟诗也会吟""熟能生巧"就是这种过程的实际写照。因此，传统的语文教学观念和方法就是强调"多读多写"，让学生自己去感悟、去思考，然而这种教学观念和方法也有一定的缺陷。

第一，它并不总是有成果的。这种暗中摸索的方法在很大程度上依赖于学生的禀赋，而不同资质的学生在"感悟"的结果上可能有巨大的差别。通过感悟领会此中真谛者有之，不过由这种途径脱颖而出的学生往往只是少数，并且往往只是那些具有文科倾向或者已经是文科定向的学生。至于大多数学生，"自发"的结果是不容乐观的。浑浑噩噩，一辈子学语文，什么"感悟"都没有得到的人也是有的，比如说孔乙己。"孔乙己"过去就有，现在又何尝少呢？也许，在一些优秀教师的班级里局面会有所不同。的确，名师出高徒，但它也从侧面反映了语文教学过程对教师提出了很高的要求。放眼全国，尤其在一些欠发达地区，我们对此深感沉重。

第二，它是缺乏效率的。所谓"熟能生巧"实际上是指学生的思考处于暗中摸索状态。当然，一定的摸索和思考是必要的，但如果学生一直处于这种状态之中，他们所付出的努力和他们所得到的进步是不成比例的。而且社会在发展，学生的生活内容以及他们学习时间的分配已经和古人迥然不同。如果要求每一个中学生都必须投入如此之多的时间与精力来学习语文，在知识爆炸、科学技术飞跃发展的现代社会里，恐怕也是难以实现的。

社会在发展，生活在变化。一百多年以前，甚至更早一些的时候，青少年的天地要比现在狭窄得多。那时候，他们的学习课程主要是语文，他们可以从容地吟哦、背诵；今天呢，现代科学知识挤压着学习的时间，电视、电脑等又占领着他们课余的天地。这是社会的进步，但进步的结果是学生不再有那么多的时间来投入语文学习。寻求节省时间、提高教学效率的方法，是我们的责任，也是现代社会的需要。

语感是语言能力形成的条件，而它的形成往往难以言传。一种工具，当我们高度熟练掌握运用的时候，就会从我们的注意范围里消失。一个人，特别是一个和语言文字"有缘"的人，如作家、电视节目主持人等，可能已经是相当高明的老手——提笔成文洋洋洒洒，即兴发言滔滔不绝，可是就像能熟练运用电脑写作的人几乎不需要注意手下的键盘一样，如何操作语言已经在自己的视野中失去了它的踪影。是的，作为一种得心应手的工具，我们筛选词语、遵循语法、斟酌表达方式的过程往往是直觉地、无意识地进行的。然而，为了有效地进行语言教学，捕捉教学目标，我们必须分析自己的经验，使之理性化。为此，我曾经建造过一个逻辑模型，当然是粗糙的、不完善的，后面还会谈到。

张：语感问题确实是一个比较复杂的问题。我们都知道，语文素养中的核心内容就是语感，我们语言教学指向的也是语感，但它又似乎看不见摸不着的。

章： 我们研究中学生言语能力，就是要服务于语感的培养和形成。若想更好地培养语感，语法知识是必不可少甚至是可以有所作为的。中学语法教学的功能，可以归纳为以下几点。

第一，掌握基本概念，以便更自觉地分析语言现象。概念是思辨的手段，语法知识是分析语言现象的工具，没有相应的概念，许多语言方面的问题就很难解释清楚。试想，遇到"动宾搭配"这样的问题，如果学生不知道什么是"动词"，什么是"宾语"，教师要花多大气力才能讲明白呢？

第二，懂得基本规则，比较便于组织语言和纠正语病。需要说明的是，这种作用，在低年级还不明显，到了高年级会有所显示，对于成年人，才比较显著。作为一种知识储存，它是有意义的。因此，可以视之为语法教学的远期效应。

第三，促进学生逻辑思维能力的发展。青少年抽象思维能力的发展，可分为经验抽象思维和理论抽象思维两个阶段。在早期，学生只能就具体经验加以抽象，理论抽象能力一般要到中学高年级以至到了大学才能逐渐形成。中学语文课的各项内容中，语法是抽象程度最高、最系统化的。中学阶段讲授一些语法，有助于学生抽象能力的发展。这种作用，属于"潜课程"范畴，不容易观察，但又不容忽视。

当然，语法知识需要简化。它只是一种辅助手段，而不是我们教学的终极目的。本末倒置的结果，是教学的烦琐化，一是讲得过碎过细，二是死抠概念术语，何况其中有一些是当前语言学界还难以解决的问题，学生望而生畏，兴趣索然。这就是过去的弊病。

同时，仅有现行的教学语法也还是不能达到我们所设的目标。20世纪下半叶，语言学的各分支学科有了长足的发展。我们要吸收语篇学、语用学、言语交际学等多方面的研究成果，提取精要，融为一体，改造现有的语言知识体系。这是一项相当艰巨的任务。此外，还要解决教学途径问题，这样才能有效地进行中学生的语言教育问题。在这方面，20世纪50年代以来形成的语言学习理论对我们有很大启发。

张：语感、语法都属于语言教学的范畴，前者是目标，后者是内容的一部分。但是在中学，语言学习理论的指导相对来说是比较薄弱的。对母语学习而言，"自然习得"是不容忽视的，或者说是应该特别重视的。您也是这样认为的吗？

章：是的。语言学习理论对我们的启迪，首先是"习得"和"学得"的区分和研究。习得是在所学语言的环境中耳濡目染自然学到的，是一种直觉行为；学得则是在一定的学习环境里的自觉行为。在这方面，外语学习和母语学习经历着不同的过程：外语学习直接从学得开始，然后进入习得；从学得进入习得的前提条件，是学习者必须达到较高的水平，否则前期的学得会变得毫无意义。母语学习则首先从习得开始，然后进入学得，最后又回归习得，在这一螺旋式进展中，学习者的言语水平不断向更高的层次攀登。

随着语言学习理论的建立，有了"目标语""伙伴语"和"中介语"的划分。语法学、修辞学学者的研究重点是目标语，心理学学者感兴趣的是伙伴语，语言教育工作者注意的应该是中介语。随着对中介语研究的深入，一些过去模糊的问题逐渐清晰，一些过去感到迷惑的问题逐渐找到了答案。

张：不知我理解得对不对。举个例子，语文教材上的语言是否可以看作目标语？同学之间的语言交流，比如说同题作文，是否可以看作是伙伴语？而介于教材和同学交流的语言，也就是达不到教材水平，但又高于一般同学交流水平的，是否可以看作中介语？

章：这是一种比较简单的理解。学者们看到，中介语并不是"目标语加言语错误"，它本身就是一个语言体系。中介语是一个变化的过程，是一个过渡阶段。通过对这个过程的调查统计，学者们发现它的发展路线呈倒"U"字形走向：当新的语言形式进入中介语的时候，言语错误就会增多；当中介语逐渐靠近目标语的时候，言语错误就会减少。然而这个时期的语病也是不容忽视的，如果得不到及时的引导，这类语病就会定型而僵化，又称"化石现象"。

学者们的贡献还在于对"错误"和"失误"的区分。失误是疏忽造成的，产生疏忽的原因多种多样，它的出现往往是无规律的，只要本人意识到了，就能自行纠正。"错误"与"失误"不同，它会重复出现，是学习者在某个学习阶段的规律性现象，是中介语的特征。语言的学习者只能认识到自己的"失误"而无法认识到自己的"错误"。事实上，每一个有经验的教师都知道，一个中学生如果知道这是"语病"，他就不会犯这样的错误；同理，对于这类语病，他们既然很难意识到，教师也很难给他们讲得明白。我们过去对语病的分析方法对中介语往往无能为力。

语言学习者犯错误并不能算是坏事，而是学习过程中的必然现象。这些错误实际上是一扇心灵的窗户，透过它，我们可以窥探学习心理过程的奥秘。因此，对待言语错误不应当是"零散的语例加语法分析"，而是要在语言学习理论的指导下结合学生的整个写作过程来观察。当学者们把言语错误放在整个写作过程的框架里进行分析的时候，他们发现，这些错误不仅妨碍学习者运用正确的语言形式，也影响他们整个写作的构思和操作；反过来说，学习者消除了自己的言语错误，也会对整个写作过程产生影响。因此，对错误探源时，应该与写作过程一起解释；研究消除言语错误的策略，也要结合写作过程来考虑。通过对中介语发展变化的解析，学者们发现，语言学习的过程是一个创造性的构造过程，学习者不是机械被动地模仿目标语言，而是一种积极的创造。所以，语言教育的重点应该是"诱发"而不是"纠错"。

学习语言需要一定语言知识的指引。若想有效地进行语言教育，我们的知识系统需要更新和改造。语言学习中，知识不会自动转化为能力，需要在教师指导下有计划地进行操作，为此，我们还要找到恰当的教学途径。

第一，要转变学生在语言教育中的传统角色，使他们从消极的知识接受者转变为积极的言语行为参与者。我们要设置一定的语言环境，语言环境可以是真实的，也可以是模拟的，关键在于引导他们参与这些言语活动，承受解决实际问题的压力，而不是站在活动之外观察和分析，更不是简单地接受一些概念和结论。这种活动应该是这样的——一个人如果能够卓有成效地完成这些活动，他就应该具备我们在某一阶段希望学生掌握的知识和技能。当一个学生通过自己的努力完成它们的时候，他也就通过自己的感性经验掌握了这些知识和技能。

第二，要精心设置语言活动的环境。这样的语言活动设计应该能够激发学习者主动参与的热情与兴趣，能够激发他们进入最活跃的状态。这就决定了环境设置是这种教学过程中的关键因素。语感本质上是一种个人体验，它是无法强加于人的，必须通过个体主动、深入、真切的体验与感悟，而这种体验、感悟的强度，是与语言活动的环境直接关联的。这样，我们采用什么样的语言材料，进行什么样的方案设计，就成为教学方法中关键的一环。

第三，要有计划地引导学生反复地实践。不要设想技能的掌握能够一次完成，语感的形成更是反复实践的结果，任何"科学的方法"都不能改变这一规律。过去的"熟能生巧"反映了这一规律，只不过它是自发的、无意识的，因而也是缺乏效率的。我们的语言教育并不是要改变这个进程，而是试图使之从无意识的自发状态转入有意识的自觉状态，成为有计划的教学行为，从而加速这个进程。教学设计得好，虽然可以强化学生体验，使这种体验具有一定的强度和深度，但仍然不可能毕其功于一役。当然，这种反复的实践绝不是简单的重复，那样的话学生会感到单调而失去兴趣。

第四，要处理好综合和分解的关系。语言能力从本质来说都是带有综合性的，它不但与人的整个品格气质、思维境界、人文素养、审美情趣交融在一起，而且就其操作来说，也是多种技能综合运用的结果。然而语言运用的综合性在教育过程中会导致目标模糊，学生不容易获得清晰的印象，还容易顾此失彼，难以获得预期的效果。很多事物都是可以分解的，适当的分解是我们对教育过程认识深化的结果，可以提高教学效率。传统经验中，识字从《百家姓》开始，写字却从"孔乙己"类似的字入手。前者字形辨别的因素多，便于记忆；后者笔画比较简单，容易掌握。这是古人对训练要适应各自特性的认识。学诗先学"对课"，学文先练"破题"，这是古人对训练要注意分解的体会。传统经验可以给我们启发，如果我们能够对学生技能的构成进行科学的分解，就可以强化学生的体验，组成由简单到复杂的教学系列。

第五，如果说语感的形成始于对示范的反复模仿，那么，教师就要能够根据对象的特点和面临的难点指点要领。在这样的活动中，不但学生扮演的角色要发生变化，教师扮演的角色也要发生变化。教师在这种训练中的任务不再是系统的知识传授，而是恰到好处的点拨；他将不再是一个"传道士"，而是一个优秀的、有经验的"教练"。

张：您谈到的这五点，包括设置学习情境、任务驱动、有目的的重复、师生角色定位等，都体现了新课标的精神。看来只要是按照语文学习的规律办事，是可以殊途同归的。那您所提到的观点是从实验中得到的吗？

章：算是吧！从 1951 年算起，半个多世纪过去了。在这期间，我进行过两轮实验。

第一轮实验是 1978 年至 1982 年在北大附中进行的，在这基础上，我把教学内容归纳为五个专题——"长短句变化""对称句""语言的清晰性和思维的条理化""语言的连贯性""语言的强调"，收进了我的《语言和思维的训练》。

第二轮实验是 20 世纪末到 21 世纪初进行的。那时在重写《语言和思维的训练》的基础上，我与几位中青年学者以及不少一线老师合作，在不同地区、不同学校做了新的探索，并且把全部内容集合成《中学生言语技能训练》。

半个多世纪过去了，当时 20 岁的青年如今已经年迈。从实验时学生感兴趣的程度和实践效果来看，应该说它是成功的。然而路正长，我自知理论尚待进一步完善，而要把它发展成能适应不同学校的教学程序，成为广大教师的共识，更需要时间。但我相信，道路正在开通。

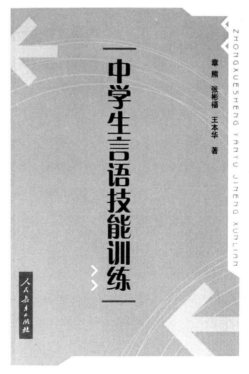

《中学生言语技能训练》

中学生言语能力发展的基本轨迹

张：上次您谈了语言学习理论和中学语言教学中的几个问题，并且认为"道路正在开通"，那您这次谈些什么内容呢？

章：讨论中学语言教学问题，需要先了解中学生言语能力发展的一般规律，也就是中学生言语能力从幼稚向成熟发展的趋向——语言发展的轨迹。这是我们开展语言教学的前提，也是我们这次讨论的内容。

中学生言语能力从幼稚向成熟发展，其趋向大体可以归纳为三个方面：一是信息量逐渐加大，二是语言层次不断增多，三是抽象程度日益提高。

首先是信息量逐渐加大。

随着青春期的到来，客观世界在中学生的眼里发生了变化。他们的视野不断扩大，不断以新鲜的心态感受着周围的一切。各种感悟凝聚起来的结果，就是言语所容纳的信息量不断加大。

青年的特点是思维反应快，形象感受力强，他们的抽象思维能力虽然在快速地发展，却大多还停留在经验抽象思维阶段，只有少数人才具有较强的理论抽象思维能力。他们的思想往往是新鲜的、活泼的、大胆的，但他们还不善于进行严密的、纯理性的思考。因此，他们在叙述的时候常常要发表议论，在议论的时候又常常忍不住要抒情；他们在理论阐述时难免有所疏漏，而他们在抒发自己情怀或描写自己感受的时候常常会让我们不由自主地想起杰克·伦敦的名句"青年永远是青年"。你看下面的这个句子：

我们这个年纪，节日是绿色的，梦是红色的，笑是开心的，哭是认真的，心是诚挚的。希望像星星，很多，也很容易失落。

好像只有青春花季的年轻朋友们才能说得出这样的话：它的容量很大，几乎容下了他们全部的生活；它又显得有点模糊，因为作者的经验还不足以做更精确、更具体、更深刻的描述。然而，一旦作者有了足够的阅历，获得了足够的经验，他们话语里给人的那种有些稚气而又散发着清新气息的感觉也许就要消失了。

值得我们特别注意的是话语的隐含信息。隐含信息又称"潜信息"，而情感则是潜信息极其重要的组成部分。这是一种有时连语言也无法表达的信息，它虽然没有在字面上直接表达出来，却能够为读者所理解、所感受。

张： 的确是这样的。

章： 其次是语言层次不断增多。

层次性是语言的一种本质属性。《文心雕龙》说："积句而成章，积章而成篇。""篇""章""节"是层次，一个语段、一句话也要有清晰的层次。随着学生习作中信息量不断加大，话语的层次也不断增多。一个语言单位里层次繁复，自然需要有比较熟练的技巧。你看下面这句：

从心理学的角度，习惯的"再现"是"潜意识"（人的一种不能为意识所觉察的潜在的思维过程，又称"下意识"）支配行为的结果。

这是一个结构相当复杂的单句，它包含两层意思：第一，什么是"习惯"；第二，什么是"潜意识"。而这两个概念的内涵又都是比较丰富的。这句话分成两句说，先说什么是"习惯"再说什么是"潜意识"，或者倒过来，先说什么是"潜意识"再说什么是"习惯"，都无不可。但是一个句子的组合涉及上下文，在原文里，上句谈的是"习惯"，下文接的也是"习惯"，如果分成两句表达，无论是前面所说的哪种方式，都会遇到语意不连贯的问题。况且就作者的目的来看，解说"潜意识"并不是行文的重点，而是怕读者不理解而做的必要注释。因此，这位年轻的作者就利用括号把一层意思穿插在另一层意思的中间。组织结构繁复的句子，需要熟练的技巧，标点符号也是一种有用的手段。

再次是抽象程度日益提高。

抽象能力在幼儿期已经萌生，小学期间发展加速。到了中学，随着文化课程的学科化，加上理科教材的影响，学生言语的抽象程度更是迅速提高。你看这段文字，选自一篇比较优秀的高考作文：

哲学家弗洛姆认为，人类打破了中世纪对人的肉体的束缚，人成为自由人。但在现代社会中，许多人却逃避自由，比如与他人行动同一化、依赖父母兄长等现象产生，这是因为个体的人（不像中世纪在社会的固定结构中）面对纷繁浩大的宇宙，倍感自身的卑微与羸弱。他提出：只有人类发挥自己的创造力，充分意识到自身的力量，用整个社会的力量与自然相抗衡，才能摆脱自卑感。而创造力发挥的程度，无疑取决于个人对习惯的反抗程度，只有挣脱枷锁的头脑，才能接触到宇宙的奥秘。

分析、评价中学生言语能力的时候，我们要注意他们的年龄特点。前面说过，在这个阶段，学生的抽象思维能力虽然迅速提高，但是基本上还停留在经验抽象思维水平，没有达到理论抽象思维的高度，因此，他们的理论阐述免不了会出现一些疏漏。

就这段文字而论，还存在着一些片面性："行动同一化"既包括由社会习惯性思维造成的社会行为模式，也包括为维护社会秩序、发挥集体力量而采取的协调动作；社会总是在既维护同一化又突破同一化的辩证运动中前进的。作者只强调了一面而忽视了另一面，显然不够全面。

但我们不能苛求一个中学生。优秀学生尚且如此，一般学生疏漏更多，况且我们前面说过，认识方面的问题不是言语技能训练所能解决的，对于中学生由于年龄限制而产生的理性阐述方面的失误，我们只能因势利导，不能要求过高。

还要说明的一点是，我们这里所谈的"抽象程度"不完全等同于抽象思维，它还包括抽象性的表象思维。例如这段话：

　　每个人的心中都有一扇门。愉快时，它是敞开的；烦恼时，它就紧紧闭起。正因为有了这扇门，人们才有了自己的秘密。豁达的人，心灵之门打开的时间远比封闭的时间多；而狭隘的人，心灵之门闭着的时间远比开着的时间多。

我们不能不承认这段话的抽象程度很高，但它主要不是逻辑的判断与推理，而是概括的表象，包含着丰富的想象和联想。

中学期间，学生的形象思维中渗透着抽象逻辑思维的成分，抽象逻辑思维又刺激着形象思维，二者相互作用，共同发展。由于个体的不同特点和发展环境的差异，在一个具体学生的身上可能某种思维更占优势，但我们不能说抽象逻辑思维和表象思维哪种思维更好，二者之间也不存在高级低级之分。对中学生来说，它们都是可贵的思维品质。

在这里，我还要特别提醒一句：上述三种趋向不仅体现在水平高的学生中，在水平低的学生中也有所显示。再看下面这个例子：

人啊，为什么总是看不到别人的闪光点？但人常常是可以看到自己的闪光点的，而看自己的缺点时却像找别人的优点一样，总是感觉很难找。这样就大错特错了！长久这样，最终使人变得更狭隘，也注定一事无成。

这名学生想要抒发自己对人生的一种感慨，但是力不从心。如果我们顺着作者的原意，改成下面的样子，也许就清楚了：

人们往往看不到别人的闪光点，而常常看到自己的优点；反之，看自己的缺点却又像找别人的优点一样。久而久之，这样的人就会变得非常狭隘，最终一事无成。

显而易见，这名学生的言语能力是相对幼稚的，但这名学生所要表达的思想感情并不像他的言语能力那样幼稚。这有点儿像一个已经发育起来的孩子，却穿着已经不合体、快要绽破的旧日的衣衫：从水平较低学生的习作里，我们时时可以感觉到这种内容和形式的矛盾，也时时可以感觉到他们力求挣脱过去思维模式和表达方式的努力。

张：听您讲的这几个例子，感慨颇深。您对学生作文的修改是从学生言语发展的特点出发，顺着学生的思路，既体现学生的本意，又让他们知道怎样把自己的意思准确表达出来。

章：是啊，中学生语病的产生，有语言方面的原因，也有语言以外的原因；同样的，学生言语能力的发展，既有语言自身的因素，也有语言以外的因素。根据我们的经验，影响中学生言语发展的诸因素中，有三个因素特别值得注意：一是口语向书面语过渡，二是内部言语和外部言语的矛盾，三是青春期的心理变化。

首先谈谈口语向书面语过渡。

"口语""书面语"和"口头表达""书面表达"是很容易混淆的概念，前两个指的是语言风格色彩，后两个指的是语言信息传递的方式。口头表达可以用书面语，例如庄严场合的演说；书面表达也可以用口语，例如小说里的对话。但传递方式对语言风格色彩的选择和言语的表述又有很大影响：口头表达靠声音传递，瞬间即逝，因此需要注意通俗性，口语色彩一般是比较浓的；同样的原因会形成二者不同的表述要求，例如口头表达里必要的重复，在书面表达里有时就会变成啰唆；日常口头表达一般没有书面表达那种可以从容推敲的余地，因此难免带有随意性；口头表达的时候，对象就在眼前，十分明确，属于定向交流，因此许多内容可以简化而不影响信息的传递，书面表达则需要有一定的交代和铺垫；口头表达可以借助声调、重音、停顿等声音手段以及体态语传递信息，书面表达则没有这种辅助手段的帮助……

正是由于以上这些原因，同样的内容，口头表达和书面表达会有很大差别，如果用笔把口头表达的话语如实记录下来，有些听起来很清楚的讲话可能会让人非常费解。

张：*所以把您老人家说的话整理成文章时，也要做加工才能更好地表达您的意思。*

章：这也分内容，像这次谈的这些语言教学问题，最好可以做一些加工整理，尽量准确地表达我的意思；有的内容，属于聊天性质的，语体上可能更接近口语。

言归正传。我们知道，母语习得是从口语开始的，口语是每一个人言语能力发展的基础；进入学校，一切文化课程却都以书面语为载体，学生学习的目标语也是规范的书面语，因此从个体发生学的角度看，一切有文化的人都要经历一个由口语向书面语过渡的过程。

这个过程从小学就已经开始，到了中学明显加速。在初中阶段，我们就可以在一些言语能力发展比较快的学生的习作里看到这样的句子：

我又仿佛看见曼德拉在狱中度过 28 年之后终于获释，出狱后他继续领导南非人民反对白人的种族统治并终于取得胜利后南非的狂欢场面；我还感受到了他当选第一任黑人总统后，领导新南非完成了民族和解艰巨任务所付出的心血……

然而，母语学习的一个突出特点就是发展的不平衡。即使到了高中，我们仍然会不时地发现这种从口语向书面语发展中的不协调现象。

一是用语不当。在口语向书面语过渡期间，学生语库里口语和书面语的语词是混杂的，对于新增的书面语词常常因为不完全理解而使用不当或者拿捏不住分寸，甚至词不达意。例如：

在众多赤子心目当中，父亲或许是极其严厉，或许是自以为最熟悉的陌生人，但在我心中，我的父亲与众不同。

例子里本来通俗易懂的"一般人"却要说成"众多赤子"，过于追求书面化，效果适得其反；同样的，"自以为最熟悉的陌生人"貌似深刻，反而令人费解。

口语向书面语过渡期间的不协调，一方面容易表现为因对书面语词不理解或运用不熟练而使用不当，另一方面则常常表现为两种语体的混杂。下面这两个例子就体现了这两方面的问题。

例1：高中生处于成年人与未成年人的交界处，所以对自己的看法似乎有些成熟，但又不排除幼稚的可能，以至胆量似壮非壮，处理问题也没有做数学题那么干净利落。当然，这种现象普遍存在，并非特例。

例2：理论是来源于实践，因而是对客观事物的反映。这种反映有可能是正确的，也有可能是错误的，这还有待于实践的检验。

例1中的"交界处""似壮非壮""并非特例"使用失当，不用多说；"处理问题也没有做数学题那么干净利落"倒是典型的伙伴语，不过用在这里，也不恰当。例2则反映了作者书面语使用不熟练："是""因而""这"都应该删去，否则话语不通畅；"这种反映有可能是正确的，也有可能是错误的"换成"究竟正确与否"才言简意明——规模初具，尚需打磨，许多产品加工如此，青少年的语言运用常常也是如此。

书面语使用失当，比较多的是大词小用、小题大做的问题。这提醒我们，在中学生的语言教学中，除了要重视语感的培养，语义的"轻重"以及与之相关的内容也应该进入我们的教学视野并且适当地纳入我们的教学计划。

二是话语表述的随意性。

中学生熟悉的是即兴交谈，只有少数人才有当众演讲的经验。即兴交谈的特点是话题容易转移，这种习惯残留在书面表达里，就是话题的游离和跳跃。即使是当众讲演，由于口头表达的语境、话语的衔接不像书面表达那样严格，若是横生枝节，旁逸斜出，会致使表述线索中断。这种现象在口头表达中还能容忍，因为语气、语调在一定程度上可以弥合话语的断层，但在书面表达中则是不行的。

张："从口语向书面语过渡"是中学生语病产生的第一个原因。而书面语是中学阶段语言教学的重点内容。了解病因是医治的前提。请您继续讲。

章：影响中学生言语发展的第二个因素就是内部言语和外部言语的矛盾。

人类的思维并不是都以语言为载体的，有语言思维与非语言思维之分。研究中学生的言语技能训练，既涉及语言思维，也涉及非语言思维。当然，我们现在要更多地讨论的是语言思维。

思维的速度远远高于语言表述的速度。一个广播员的正常广播速度可能在每分钟150个字左右，主持人讲话高速时可以达到每分钟300多个字，其智力行为、做出决定、选择方案等思维活动的过程是相当迅速的，有时只需要不到一秒的时间。当然，上述的种种思维活动并不都是凭借语言进行的，但即使是语言思维，由于思维的高速度，它也经常来不及形成完整的语句形态。这时候的语言形态一般具有零碎化、片段化等特点：它可能只是一些残缺不全的语句，有时候只是一些零散的、孤立的词语，甚至只是一些纷至沓来的、还没有形成清晰概念的意念。不仅如此，所有这一切还往往处于不稳定的状态，到了正式表述的时候，表述者需要对自己的思绪进行整理，经过必要的加工，捕捉到恰当的概念和语言形式，使自己的思路和思想最终确定下来，才能使自己的意思为对方所理解。心理学把这种思维运动中的语言形态称之为"内部言语"，把语言表述时的语言形态称之为"外部言语"。

在初学语言的幼儿时期是没有"内部言语""外部言语"之分的，尔后逐渐分离，这种分离到了中学阶段大大加速。"内部言语"和"外部言语"分离可以使思维摆脱羁绊，它不仅是逻辑思维和独立思考的物质基础，而且是思维发展水平的标志，是学生智力发展的必要条件。然而，它也会在不同程度上构成思维和表达的矛盾。

这种矛盾在书面表达的时候会显得更为突出，但也会随着经验的积累而逐渐缩小。写作的时候，书写的速度一般为每分钟 20 个字左右，与口头表达的速度相差很多。我们大概都有过这样的经验：一旦进入了写作的兴奋状态，各种新鲜的材料、观念、设想以及它们所形成的语言片段会纷涌而来，此起彼伏，让我们应接不暇；为了把握这些稍纵即逝的宝贵思绪，我们往往顾此失彼，出现各种疏漏。如果我们是一个经常写作的人，我们又会发现这种思维和表达的矛盾渐渐地有所缓解，这是因为我们已经渐渐地熟悉了表达的各种格式和要求，当我们思考的时候，会自然而熟练地沿袭和运用对应的格式。写作老手虽能如此，但中学生是很难做到的。尽量缩小这种矛盾，就是中学语言教学的任务。

张：那内部言语特点和由此出现的语言表达问题是怎样的呢？

章：内部言语第一个特点是简约性。

从信息传递的角度看，我们说一句话或一段话，其中具有实质性意义的词语只是这句话或这段话的一部分，甚至是很小的一部分。比如说，你发现厨房里酱油所剩无几，马上对家里人说："酱油快用光了，记得明天到商店买酱油！"在你说的这句话里，有实质意义的大概只有"酱油""明天""买"三个词。这是因为任何一个语种都有其语法规则，有了语法规则就有了不传递实质性信息的语法填充成分。发达、成熟的语种，这种填充成分会相对较多。这样，当我们进行语言思维的时候，头脑里直接反射出来的往往就是这些关键性的语言成分。如果你是个语言运用得不太熟练的人，或者时间非常仓促，你的话语就会不知不觉地、不同程度地留下这种简约状态的痕迹。例如下面高考作文里的这段话：

综上所述，玫瑰还是人人爱的。有刺，我就剪下来闻。摘不到，十分怕刺，在手上画一枝，聊以自慰。

这个句子只有填补适当的话语使之前后衔接，才能顺畅。你看，加上了括号中的内容，这段话读起来就顺畅多了。

综上所述，玫瑰还是人人爱的。（可是玫瑰）有刺，（容易扎人，）我就剪下来闻。（要是实在）摘不到，（我又）十分怕刺，（就只好）在手上画一枝，聊以自慰。

由内部言语形成的言语破碎状态，到了高中会有所减少，基本只在语言水平很低的学生身上发生。

内部言语的第二个特点是跳跃性。

杨振宁曾经饶有风趣地说，他的许多灵感是在刷牙的时候产生的，我们把这种灵感来潮称为"顿悟"，不少科学家、艺术家也有类似的体验。"顿悟"是一种直觉思维，它只有"起点"和"终点"，中间环节被高度简缩，甚至完全消失。直觉思维对科学发明和艺术创造都是非常重要的，在日常生活里也是存在的。直觉思维反映到语言思维里，就是一个观点和另一个观点之间，一个思想材料和另一个思想材料之间，或者一个句子和另一个句子之间缺乏逻辑上必要的中间环节，这是内部言语跳跃性的第一个特点。

此外，由于思维的高速运动，人们常常来不及把自己头脑中的思想材料、语句排列出合理的逻辑顺序。在这种情况下，语句之间虽然没有出现断层或者中间环节脱落现象，但它们往往是散乱的或者发生倒错。这是内部言语跳跃性的第二个特点。

中学生书面表达中出现的"跳跃"又有两种情况。

第一种情况可称为"自我中心言语"。在这种状态下，学生的写作仿佛是自言自语，说出的话好像是内心独白，他完全没有语言的社会交际意识，完全没有考虑读者是不是能够看得明白。这是学生言语能力非常幼稚的表现。与此相伴的是句间的逻辑关系散乱和语病连连。像这样的情况，高中阶段已经非常少见了，但也不是绝对没有。

第二种情况是话语相对完整，但不时出现断层或倒错。比如下面这个句子：

相信意志的能动性吗？更客观地说，你的成绩本来就好，我希望我的朋友是个强悍的对手。

例子中的话语跳跃性很强，但勉强能够明白作者的意思——作者希望对方发挥自己的主观能动性，要有信心，最后一句表示鼓励和期待。这句话的问题是前后脱节，缺乏应有的铺垫与衔接。这类现象我们称为"断层"或者"脱节"。这类现象之所以出现，是因为作者进行语言思维时，观念之间、材料之间来不及形成明确的逻辑联系和语言联系。类似的现象在高中学生的书面作业里还是不少的。

影响中学生言语发展的第三个因素是青春期的心理变化。

青春期是人的一生中变化最迅速的时期，生理如此，心理亦然。此时的学生们产生了"成人感"，他们力图用成年人的眼光去看世界，也力图用成年人的语言——纯熟的书面语去表述自己的思想感情。他们的这一心理变化可能从初中就已经开始，下面的句子正反映了这种心态：

告诉蓝天、白云、沙滩、夕阳，我长大了，不再听奶奶讲那遥远的故事……

心理学者们饶有兴趣地对这个时期的方方面面进行分析，在这里我们只探讨其对言语运作的影响。

一是审美意识问题。

我们在前面的"口语向书面语过渡"这一部分曾经谈到"大词小用"问题，并且谈到这种现象与学生的心理状态有关系，其重要因素就是审美意识。

青春期的学生产生审美萌动，这是正常现象；审美萌动反映在语言运用上，就是对语言形式美的追求。然而此时他们的语感尚未成熟，还不能真正辨别语言运用的优与劣、文与野、美与丑，如果没有教师的正确引导，他们就很容易为华丽的辞藻所吸引，刻意雕琢，出现文风不正的现象——有时表现为言过其实、矫揉造作，有时表现为叠床架屋、晦涩难懂。

二是"哲理化"问题。

许多教师要求学生课余收集并记录他们认为好的语句，有意识地积累语言材料，这是很好的做法。如果我们翻阅学生这个时期的札记，就会发现札记内容占优势的往往是一些学生认为隽永的且带有哲理意味的话语。这是因为此时此刻学生已经不再满足于停留在经验的水平上，而力求对经验材料做出理性的阐释；学生设法用概括的观点把各种材料贯穿起来，探讨"规律"，追求"深沉"。然而他们毕竟还不够成熟，有时刻意"深刻透彻"，结果反而不合事理，由此也导致了语病的出现。比如下面这个例子：

青春带给我们的不仅仅是拥有自己的梦想，还有那些为了实现梦想而付出的日日夜夜与春夏秋冬。也许生活不仅仅是为了寻求心中那唯一的结果，而是每日心中不会熄灭的信念，不会停歇的脚步，不会放弃的身影。为了不尽心意的结果离去，为了相反的结局失意，也许都太幼稚，而时时刻刻守护自己心中的真，才是守护真的生活。

刻意追求深刻，说些自己也不甚了然的话，必然不得要领，结果往往是晦涩难懂、令人费解；与此相伴的，还有用语失当和病句。

张：例子中的"不尽心意"大概是"不尽如人意"的意思，"相反的结局"大概是"与自己愿望相反的结果"，但什么是"真的生活"，它与"不尽心意""相反的结局"有什么关系，恐怕作者自己也不一定明白。这样的问题在中学生的作文里还是比较常见的。

章：是的。正像幼儿学步的蹒跚一样，我们也可以从学生的语病里看到发展。根据我们的经验，在学生言语能力的发展过程中，有两个阶段性的标志，或者说存在着两个有提示意义的信号。

第一个阶段性标志是学生习作中对称和排比格式的出现。你看下面的这些例子，是很有代表性的。

例1：亲情是心血凝聚的歌，友情是真诚融合的曲。

例2：这让人牵挂的小精灵啊，当你用尽最后的力气睁开眼睛看这个世界的时候，你是不是也在回忆自己或辉煌或黯淡的一生呢？当你将目光投向天空时，内心是不是仍凝聚着高飞的冲动？

例3：家，是一个永恒的话题，是一幅永不褪色的画，是一个永远也谈不完的故事。让我们来保护家的温暖。

例4：生活在充满生机的世界上的人们，有谁不爱美呢？你我的审美观点不同又有何妨？就拿花来说吧，有人以傲雪怒放的蜡梅为美，有人以出淤泥而不染的荷花为美，有人以扎根风雪草原的雪莲为美，也有人以遵时守令、刚正不阿的牡丹为美。人人都有对美的追求和向往，爱美是人的本能，爱美是人的天性！

作为言语能力渐臻成熟的标志，学生首先注意到句式的对称和排比，这是可以理解的，因为它是语言形式美的显露特征；当学生还不能够领悟语言更丰富的底蕴的时候，比较容易觉察的是它的外在形式。初期，学生掌握这种形式的时候会不太熟练，可能会比较生硬，甚至还会有运用不恰当的地方，没有上述语例那么纯熟，但是从上面所举的几个语例里可以看出，它需要学生具备以下的能力：

一是铺展能力，即把一个基本观点铺展成两个或两个以上侧面的能力。最典型的是例4，它把"不同的人以不同的花为美"铺展成三个侧面，铺展的痕迹是相当明显的。

二是句式和语词的调整能力。四个语例内部都采取了各自相同的句式，句式的调整反映学生的控句能力有所增强；语词的调整则需要有更细腻的语感和更丰富的语库。最值得品味的是例3，"永恒的话题""永不褪色的画""永远也谈不完的故事"都带有一个"永"字，字数由少而多，整齐中又有变化，表明这名学生的语言控制、调整能力已经达到了相当高的水平。

第二个阶段性标志是篇中警句的出现。

警句可以理解为我们古代所称的"警策"。陆机《文赋》中说："立片言而居要，乃一篇之警策。"文似看山不喜平，一篇之中警句峭然独拔，全文会因之生色不少。《文心雕龙》中说"秀也者，篇中之独拔者也"，这是古人行文的重要经验。学生写作能力发展到一定阶段，也会产生对警句的追求。这种追求，是上面所说的"哲理化"心理因素作用的结果，也反映了学生言语能力更加成熟。

警策化是更高层次的言语能力，是继对称、排比格式之后出现的另一个信号。和对称、排比相比较，它是思维和言语能力的深化，在某些方面，又是向相反方向发展的结果。

如果说对称、排比需要的是"铺展"，警策化则要求"凝聚"——作者所追求的，是用更少的语言符号概括更多的信息。言语的概括性，要求学生对所表述的事物有更深刻的认识，在平时和动笔的时候进行更多的思索。

如果说对称、排比要求格式化，以整齐为首要特征，警策化则要求多样化——不同学生的个性特点不同，在语言风格上自然表现各异。可以说，到了这个阶段，学生的个性趋向已经有所显露，对称、排比与警策化结合，中学生的言语就更加绚丽多彩。也许受生活经验的限制，他们的写作内容还有些单薄，他们的观点还有些幼稚，但就语言运用而言，他们和一些写作老手相比已经不显逊色了。

张：我们要分析中学生语病产生的原因，但也要看到他们语言的发展，毕竟他们是在不断学习的过程中。那么您对纠正学生语言错误有什么思考和办法？

章：长期以来，我们收集整理学生的语病，分门别类，做了许多分析，然而用来指导学生却收效不大。为什么？因为这些有语病的学生往往不觉得自己有什么错误。

随着语言学习理论的建立，有了"目标语""伙伴语"和"中介语"的划分。一些过去模糊的问题逐渐清晰了，一些过去感到迷惑的问题逐渐找到了答案。这点上次我们谈到了。

中学阶段，语病与发展共存。从学生的作文里，我们可以感受到他们新的写作内容正在极力挣脱旧的语言形式的束缚；从我们的经验里，我们也可以体会到新的语言形式刺激着学生的写作思维。这是一个发展过程，是一个过渡时期，"纠错"已经被证明不是一种有效的手段，现在摆在我们面前的问题是：在这一重要的过渡阶段，我们用什么办法来加快学生的步伐。

张：您说得很有道理，这次谈话我收获很多。您着重从理论的角度分析了中学生的语言状况和问题产生的原因，可以说是又一次"理论武装"。我期待您能传授更多实践方面的办法和经验，谢谢您！

语言和思维的训练（上）

张：关于中学语言教学问题，前面您提到"语言和思维的训练"受到肯定，《语言和思维的训练》一书，也被北京师范大学教育学相关专业列为研究生必读参考书，影响很大。关于语言、思维、思想的关系，您前面的谈话中也通过一个比喻讲得很清楚。希望您这次可以深入细致地谈谈这方面的内容。

章：好的。谈"语言和思维的训练"会谈得比较长，要分两次谈。

"语言和思维的训练"从根本上颠覆了我们习惯的写作模式，其实我把写作教学单独列出来，这已经违背了当时的观念。当时的观念叫"读写结合"，读什么就写什么。

"读写结合"这种观念的产生有它的历史背景，是什么呢？科举。读，读八股文；写，写八股文。这样就形成了一种习惯认识。关于这一点我要强调的是，不要轻易否定八股文，八股文实际上是我们民族传统的思维方式和表达方式。不同的民族有不同的思维方式和表达方式，我们讲"起承转合"，还是有道理的。起，开始，提出问题；承，承接上文，发展问题；

转，转折，对比效应；合，最后结论，全文结束。这跟英国人的表达方式不一样，英国人的表达方式是什么样的呢？一个主题句，然后下面是阐述关于主题的东西。八股文是在我们民族传统文化基础上所形成的一种思维方式和表达方式，这个不要轻易否定。我想研究八股文，也收集了很多材料，可是现在研究不了了。

后来大家不写八股文了，形成一种较为僵化的写作知识系统，就是所谓的"读写结合"。比如讲描写，有环境描写，有人物描写，有心理描写，等等。当时有的老师就教学生"读什么就练什么"，忽视了学生与课文作者水平的差距以及学生的生活感受，只是简单化的"结合"，结果学生写作文时叫苦连天，一点儿兴趣也没有。

我把这种所谓的"读写结合"破了，单独搞了一套训练方法，比较具有颠覆性。我的着眼点跟我前面所谈的经历有关系，训练基本技能、基本技巧，还要找到一种比较合适的训练方式，我不管原来那套。举个例子，我的第一个训练就很有意思，叫"词语诠释"，也就是解释一个词语。我的目的，就是训练学生说话要准确。办法很简单，从说明练习开始。这个练习就是要解释一个概念，再扩大一些，然后看这个概念和扩大范围之内的其他概念有什么不同，不同之处就是它的"本质特征"。比如说铅笔盒，铅笔盒是文具，铅笔、尺子等也是文具，铅笔盒与其他文具有什么不同，这就是它的"本质特征"。把握这一点，就能把一个概念解释清楚。当然我列的很多概念都是名词，而且尽量避免太抽象的概念，训练时也要注意学生的年龄特征。

"词语诠释"实际上是给学生输入一些逻辑学概念——"属加种差"。它是逻辑学的一个组成部分，"属"是逻辑关系的上位概念，"种"是逻辑关系的下位概念。不过不能用逻辑学给学生讲，这一讲逻辑学就麻烦了，只能用大白话讲，让学生了解其中的要领。

张：*概念不清，确实是学生写作中尤其是说明文写作中的一个突出问题。*

章：我的目标就是先让学生练基本功，能把一个意思表达得准确。"词语诠释"完了，再扩写一段话。比如写颐和园的游船。北京的孩子谁没去过颐和园呀，那颐和园的游船什么样呢？你得用语言把你看到的给我描绘成一幅画，这就很有意思了。很多老师就奇怪了，这叫作文吗？我说，这叫作文，这就是章熊式的作文。

附带说一下，我在人民教育出版社编教材的时候，有一个中文系毕业的编辑就对此有一个疑问："说明时要抓住事物的本质特征，那既然都是本质特征了，怎么可以有变化呢？"这话没全错，但是在人们的生活中，在不同的语言环境中，所谓的"本质特征"也是在变化的。比方说你磨叽你老爸，跟他要钱买样东西，你得说出这样东西的特点，这个特点就是它的本质特征。后来呢，好不容易买来的东西丢了，赶紧写个寻物启事，这时候也必须表述出丢的东西的本质特征。寻物启事上你所写的内容，跟你磨叽老爸要钱买东西所说的就不一样了。当初要钱买东西的时候，基本上都是说这东西怎么好；现在要寻物了，重点说它和同类事物有什么不同。生活应该是活的，不应该是僵化的。

张：*很有道理！*

章：我的第二个训练也跟别人不一样，叫"程序说明"，还是"说明"。我从"说明"开始，把学生的思路理清楚，他们说话就准确了。说话准确，这是基本要求，在这基础上才能谈一些技巧的运用。"程序说明"也比较特别，一个程序，一个过程。你可以选择你的兴趣爱好，哪怕是炒一个菜也好，这里面都有一个过程。关键是什么呢？是把握住这个过程的几个要点。还有一个要求，就是要替读者着想：什么地方是必须强调的，什么是必须补充的，哪些是必须说明的。

我对写作方式的要求也与众不同。我让学生用两种方式写作，一种是提纲式，像说明书；一种是散文式，可以用比较文艺的方式来写这个过程。学生的课外活动还是比较丰富的，不同的写作方式会激发学生的兴趣。有学生写怎么糊一个风筝，有学生写怎么制作航空模型，甚至还有学生写怎样查字典，把这些事情说得清清楚楚，也很有趣味。这其中还有一篇文章名扬天下，讲什么的呢？讲怎么做西红柿酱。西红柿上市的时候，你把它做成酱，封好了，没有西红柿的时候，你有西红柿酱吃，所以这篇文章的题目叫作《万花纷谢柿犹红》。它是怎么名扬天下的呢？有一次我去看我的老师朱德熙先生，朱德熙先生、吕叔湘先生都是语言学家，他们习惯从语言的角度来评判一篇文章，朱德熙先生看到这篇《万花纷谢柿犹红》后，认为文章写得很有意思，结果他就在外面讲学时对此评论了一番。朱德熙先生这一评，这篇文章就名扬天下了。

张：我印象中，许多书里都把这篇文章当作说明文的例文。

章：是啊，通过训练，我发现学生的课外兴趣是很广的，写作教学不和学生生活结合起来，不从基本技能入手，不抓基本功，是没有生命可言的。当然，问题的解决并不是这么简单，怎么设计一次练习，用什么方式来进行练习，还有很多文章可做。

张："语言和思维的训练"确实与一般的作文教学有很大的不同，请您继续深入谈谈这方面的内容。

章：把写作教学改名为"语言和思维的训练"，它不仅仅是名称的改变，更是教学理念、教学内容、教学方法的改变。所以前面我介绍了几种大家不怎么用的写作方式和写作要求。比如说"词语诠释"，我的目标是训练学生把话说准确了；"程序说明"，不仅要求学生把握一个过程的要点，还要为读者着想。

可是当时人们不理解我，因为这跟过去的教学方法完全不同。过去照本宣科，讲写作知识，然后就写作文。现在完全不同了。在语言和思维的训练中，教师和学生的关系好像也发生了变化——教师像教练，学生像运动员。好的教练，不仅要着眼于动作要领，还要选定目标、找出训练的方法。比如说跳水运动员，踩跳板的动作要领、空中转体的动作要领等，都需要教练带领运动员一项一项地练。现在篮球职业联赛中的许多球队都有专项教练，教你如何罚球，先讲授要领，然后让你一遍一遍地练，进而学会罚球；足球队里也有专门的守门员教练，也是注重分解练习。

把"照本宣科讲写作知识然后写作文"这种模式，变为"语言和思维的训练"，这是理念上的变化，训练更着眼于操作。实际操作中会遇到什么问题，如何解决，方法也要随之变化。当然，我说的运动员训练和学生写作文还有所不同。学生的作文可能会写他自身的经历、社会生活的变化和他自己的感悟，所以要激活学生的思维。而运动员到比赛时，要注意其心理变化，不能随便激活他的思维，运动员现场独创一套，可能就麻烦了。所以，写作教学与体育训练也是有区别的。

张：我们的写作教学可以适当借鉴运动员训练的一些做法。虽然俗话说"隔行如隔山"，但是"不隔理"。

章：为了更好地说明我的这套做法，我再举一个我设计的例子，叫作"空间描写"。这个想法从哪儿来的呢？是从学生的问题中来的。学生描述空间关系的时候，往往说着说着就说乱了。我们的地球是三维的，人所看到的事物是二维的，把所看到的事物有条不紊地用一句话连起来，术语叫作"句链"，它是一维的。在这种转化过程中，学生就容易说乱。为什么要学生学会空间描写呢？直接诱因是我们两口子到青岛旅游，去崂山玩。要到崂山玩嘛，我们就买了一份旅游指南。这旅游指南看起来和说明书差不多，不过写得真是让人啼笑皆非，全说乱了。如果"按图索骥"，真是觉得天旋地转！按理说，写旅游指南的人应该是动笔杆子的人，是写作比较多的人，旅行社请这些人写旅游指南都出现问题，所以我觉得需要让学生掌握空间描写。

那么确定目标了，给学生讲空间描写，就要找到操作要领，这需要下功夫。操作要领是什么？要领就在于确定参照物。你要说明事物的位置关系，首先要找到一个参照物。比如说房前、屋后、树上、井里头，房、屋、树、井就是参照物，没有参照物，说明不了位置关系。前、后、上、下、里、外，没有参照物，这些词都没有意义。有了参照物，那么组合的方法研究起来就简单了。组合方法大概有两种，一种是先出现的事物成为后出现事物的参照物，一个一个按着顺序来；还有一种是大家共同用一个参照物。当然，描述复杂的空间关系时，也可以综合运用这两种方法。

张：当把一个问题弄明白之后，似乎感觉这个问题很简单，但是把问题弄明白的过程确实很不简单啊！

章：是啊，许多问题的研究没那么容易。谈到语言和思维的训练，我想起我以前说过的一段话：假定你坐在直升机上，俯瞰地面，哇，好大一片。你看到很多东西，可是要想把你看到的东西说清楚，可就不那么容易了。你可以找准参照物，共用一个参照物；或者把先出现的建筑物作为参照物，比如展览馆、体育馆等依次成为后出现的事物的参照。要掌握好这方面的技能，关键在于练习设计。

张：您是怎么进行练习设计的呢？

章：我会先跟学生讲要领，讲完要领之后，再出练习题，比较简单的有两道小题。举个例子给你看看。第一道小题，把北大附中、北京大学和颐和园这三者的位置关系说清楚。但不许说坐 332 路，海淀黄庄北站下车不远处就是北大附中，往前坐几站就是北京大学，接近终点站就是颐和园，那不行。要按照我所要求的把这三者的位置说清楚。第二道小题，稍微难一点儿，可是难不住北京的学生。人民大会堂、中国国家博物馆、人民英雄纪念碑、毛主席纪念堂、正阳门，把它们之间的位置关系说清楚。这个也难不住我的学生。

后面的练习题就稍微难点儿了。我画了一个房间，在房间外面按照同样的比例画了些家具，请学生给我布置这个房间。要知道那是20世纪70年代，住房紧张，不像现在，当时能够有一间住房就算不简单了。当时我画的家具也是那个时代的家具，土得掉渣。布置房间，床是少不了的，还有几件东西，像书桌、椅子等。学生需要把自己如何布置房间的写清楚，然后按照同样比例大小，把需要的家具画在房间里，要不然我怎么知道你的表述对不对。学生的作业还需要满足三个想象因素——第一个想象因素，这个房间的主人是干什么的，随你想；第二个想象因素，可以在房间里增加一些小物件，比如墙上贴的画、桌子上的闹钟等，由你添；第三个想象因素，搭配颜色，墙壁是什么颜色，家具是什么颜色等。

有了以上这些练习之后，才是正式的作文。此时学生已经知道要领了，那就请学生设计一尊雕像，或者一个建筑物，或者一座纪念碑，让他们把一切细节想好之后将它描述出来。这一下子就把学生的思维激活了。我不是老强调激活学生思维嘛，这时候学生的想象力、学生的思维被激活了，写作的结果很出乎我的意料！

当然，学生还是孩子，他们所设计的，有的是根本没法儿做的。比如说有名学生要建一个建筑物，体现青铜时代、白银时代、黄金时代——最底下一部分，是青铜，上面有什么花纹；再往上，是白银，上面有什么东西；再往上，是黄金。这样的设计可能在现实中没法儿实现，但却反映了学生的一种想法，有憧憬，有期盼。学生中写建纪念碑的也不少，建什么样的都有，甚至有要在月球上建纪念碑的，纪念我们中国人在月球登陆。注意啊，那是20世纪70年代，有这份自信，我们中国人能登上月球，而且要在月球建造一座纪念碑，虽然建筑材料如何运送他没想好，但这也是一种想法啊，应该鼓励。

张：如果按您的设计，那写作教学中自然就有了情感态度和价值观的教育。我认为，语文教学中的情感态度和价值观教育应该是像您这样的，而不是"外加一勺油"或者"两张皮"。

章：把学生的思维激活了之后，学生就会发挥出很多潜力，这是写作教学必须注意的。插一句，空间描写的相关练习设计还上过中央电视台的节目。当时一些人对人民教育出版社的教材编得死板有意见，人民教育出版社就回应说，我们很多练习设计也是非常生动活泼的，然后他们就拿出了我的那个"布置房间"的练习。我说，这不是我做的吗？我跟他们开玩笑说，你们侵犯了我的知识产权。其实，"布置房间"的练习是他们从一本书上找来的，那本书收集了一些很巧妙的练习设计，其中就包括了我的这个练习设计。人民教育出版社当时一眼就看中了这个练习设计并拿了出来，当时他们确实不知道这是我设计的。这是个小插曲。

我想从练习设计的过程中说明"语言和思维的训练"同一般的写作训练的理念是不同的，它的设想不同，做法也不同。可惜因为受时间限制，我没能进行更深入的研究，如果再给我些时间，我还可以把这种思路再扩展一些，让它的内容再丰富一些。

张："布置房间"的练习很经典，我认为这个练习不仅容易激活学生的思维，拓展想象，而且具有创造意识培养价值，在空间叙述方面会使学生得到有效的锻炼。

章："语言和思维的训练"实际上也可以与武术训练进行类比。练武术大致有两种，一种叫"套路"，一种叫"散打"。在实际交手的过程当中，"散打"比"套路"更有用。人们习惯的是"套路"，而我的专业是"散打"，因为"散打"管用。

那么"散打"训练的目标从哪儿来呢？从两个方面来，一个是我自身的经验，一个是学生经常遇到的问题。找到了目标，还要找到训练方法。这时候，激活学生的思维就是灵魂——要设计各种有意思又便于操作的"演习"形式。我的"散打"当中有没有"套路"呢？也有，用我自己的话说是有"套餐"。"套餐"是什么呢？是一个单元的练习，先是类比或对比，然后是说理，最后是借物喻理。这样不仅能给学生传授一些写作方法，对训练学生思维的严密性也很有好处。学生所类比的事物和所要说的道理，或者所做比喻和所要说的道理，常常是不完全吻合的，这时就需要提醒他们注意缺口，并想办法补救。

张：您说过，当我们对一个事物认识不清或把握不准时，换句话说，就是"综合性"太强时，需要先做些"分解"工作，以便认识和把握事物。作文也一样，当学生对整篇文章的写作把握不好时，先做些分解练习，有利于他们把整篇文章写好。是这样吧？

章：是的。传统的写作教学模式是按文体排序，先学记叙文，再学说明文，然后学议论文，并从中找出一些所谓的写作知识，再将这些知识系统化，然后编成写作教材。而我的"综合性写作"，是直接从思维方法入手的，这在过去是没有的。比如，什么是类比，什么是对比？简单地说，类比就是相似点比，对比就是不同点比。那怎么捕捉相比点？相比点的组合有几种基本模式？怎样组合便于加深读者的印象？我先讲这些，讲完之后，学生再写。结果学生的作文品种繁多，琳琅满目。

比如说有一篇作文叫作《小杨和她的妹妹毛头》，写的是什么呢？作者初中阶段的好朋友小杨和她妹妹，姐俩的脾气不一样。姐姐性子急，妹妹性子慢，作者对此有很生动的细节描写，写得很有趣。这是记叙文。还有一篇作文叫《杨树和柳树》，介绍杨树和柳树属于不同的科目等，一层一层地说起来，这是说明文。这篇说明文也有不完全符合说明文规范的地方，那就是文中穿插了一些作者儿时的趣事。比方说小朋友们拿杨花来吓唬人："毛毛虫来了！"照理说这个是不符合说明文规范的，可这恰恰是这篇文章的灵气所在。有了这些东西，一篇说明文才不枯燥，才有味道。最有趣的一篇文章叫《成绩与挫折》，这个学生的构思非常独特，他用拟人化的方法，把成绩和挫折写成一对孪生兄弟，一同降临在世界上。虽然是孪生兄弟，可是脾气性格各有不同。成绩的脾气如何，挫折的脾气如何，这里所谓的"脾气"实际上是有深意的。最后结尾也很有意思："那么在成绩和挫折这对孪生兄弟当中，你更信奉谁呢？你说呢？"一句俏皮话结尾，写得非常生动。这是什么呢？这是议论文。它打破了过去我们"以文体为格局、以知识为系统"的一种写作格局。这使得我对传统的"先记叙，后说明，再议论"这种格局产生了怀疑，可是我也并不想否定它。

有两句话我很喜欢，一句是黑格尔的"存在即合理"，一句是鲁迅《狂人日记》里的"从来如此，便对吗"。即使你要否定前人的经验，你也得先弄清楚它是在什么历史条件下形成的，它为什么会在这种历史条件下合理地存在，否则你不能轻易地否定它。

还是得说说"先记叙，后说明，再议论"。关于这种写作教学模式，我查到的最早的资料大致是在中国废除科举制度之后，在京师大学堂里出现的。京师大学堂和现在的大学不一样，它招收的大都是官员子弟，它当时的主要培养目标是培养官僚。我注意到它的国文培养计划很有意思。第一年学什么？学史传体。史，历史过程；传，人物传记。这和什么有关？和记叙文有关。第二年学什么？学奏议，官员要上奏议给皇上，说明一些事情，说明你的看法，说明一个道理。这和什么有关？和说明文有关。第三年学什么？学策论。当朝廷有什么事情悬而未决、有什么问题争论不休的时候，你表达你的态度，提出你的观点，驳斥别人的论点，这和什么有关？和议论文有关。好像这里的"先记叙，后说明，再议论"似乎有些道理。当然，我虽然因为学生的练习结果而对这种做法产生了怀疑，但是我不会轻易否定它。

张：您当年的作文教学实践有一点可以确定：您没有过分强调文体，学生在写作的时候没有那么多条条框框，他们可以尽兴地写，这才有了您前面说到的那些生动有趣的好作文。

章：从以上实践发展而来的，是我在主持高考工作的时候，在写作这一项上规定了一条——文体不限。

规定"文体不限"有两个原因，一个原因是男生女生有差别，一般男生的逻辑思维比较强，女生感情比较细腻，所以他们对文体的倾向会有差别，如果硬性规定用某种文体来写作是不公平的；另外一个原因就是当一个题目把学生思维激活了以后，如果硬性规定文体，对思维的灵活性是一种限制，一种遏制，甚至是一种扼杀。

张："文体不限"解放了学生的写作思维，比如说1999年的高考作文题目"假如记忆可以移植"，题目本身就很新颖，有激活学生写作愿望的效果，再加上"文体不限"，那一年的好作文可真是多。"文体不限"后来也产生了一些其他问题，这是另有原因的。总之，不规定作文文体，由学生自己选择用什么文体写，是高考的进步，也为语文教学带来了变化。

语言和思维的训练（下）

张：章老师，"语言和思维的训练"从思路、设计到实际效果，尽管过去了这么多年，但您依然记得这么清楚，我现在听起来还是很受启发。想问问您，您思维的起点是什么？或者说是什么原因引发了您这样的思考和实践？

　　章：《语言和思维的训练》是我出版的第一部作品，也是反映我研究思路的代表作。现在回想起来，它的出现，不是偶然的。我是在五个交叉点上的人——我处在中西方文化的交叉点上，我处在文学和语言之间的交叉点上，我处在新中国成立前后的交叉点上，我处在大学和中学之间的交叉点上，我处在曾被别人考和考别人的交叉点上。具有这样背景的人，我认为全国只有我一个。所以我经常会有一些和别人不同的看法，使得我不迷信前面提到的那一套。

　　还有一个原因，是我曾经讲到的"文革"中的几次经历。一次经历是与写记叙文有关，使我产生了把整篇作文分解和综合的思想。当然那个分解很肤浅，写写开头，写写中间，写写结尾，这只是表层现象。还有一次是我没事干，到篮球场边看女篮训练，给我留下很深的印象。比方说运球，这是基本技能，可是教练安排的训练方式却有其独特性。教练在中间放一个篮球，让队员双手同时运球并围着它转，圈子越转越小，越转越小，直到最小的程度。这又给我启发：我的着眼点应该是学生学习的基本内容，而相关的训练可以采取超常的形式。总之《语言和思维的训练》的出现不是偶然的。这本书的出版还得到了叶圣陶先生的大力协助，一个是他给我题了书名，另一个是有一部分稿子是他亲笔修改过的。他很赞成从实用出发，突破现有格局，进行基本训练。

　　张：俗话说："处处留心皆学问。"您的例子就是一个证明。不过，您这种不按套路出牌的做法没有受到什么非议或阻力吗？我记得您前面曾经提到过。

　　章：我的《语言和思维的训练》的确还不够成熟，它在实践中有一些出乎人们意料的训练点。我着眼于写作基本技能的训练，而且有的时候还会采取一些特殊的训练形式，这不同于当时流行的写作教学模式。所以这本书出版后，很多人不理解，什么词语诠释，什么程序说明，觉得很奇怪。

当然也有人理解我。我一个好朋友叫王世堪，他也是全国中语会的创立者之一，广西教育学院原院长。他看过这本书后对我说："你是从训练学生的逻辑思维入手。"还有一个好朋友，后来担任过全国中语会理事长，北京师范大学教授张鸿苓。她说："我是你的知音。"她还把这本书列为她的研究生的必读参考书。正因为这在当时是一个不同于现状的思路，所以也就出现了很多不同于现状的训练点和训练设计。

我有一个训练叫作"怎么样回答问题"。这个训练针对性很强，实用性也很强，而且能为学生将来写议论文打下基础。我曾经跟朱德熙先生说了这个想法，他很感兴趣，他让我把这些想法和材料整理成一篇文章给他。我现在还佩服自己对这样一个常见现象能够讲得条分缕析、头头是道。朱德熙先生当时是《中国语文》的编委，便把我的文章带了过去。

《中国语文》是权威学术性期刊，它有它的专业方向，不能花太大的篇幅去谈中学语文教学中的一个小问题，而我能在《中国语文》上发表好几篇文章，我挺开心。后来，《中国语文》出了一本专辑，朱德熙先生带去的那篇文章还入选了。不仅如此，有一次我参加国际学术研讨会，一个外国朋友提出了类似的问题，考试中心的领导说，章老师上去讲，我就上去讲了。因为有这篇文章打底，我侃侃而谈，博得了满堂掌声。

我还有一些别出心裁的设计，非常特别。我要培养学生对外界的感受能力，怎么培养呢？我让学生先写一个地方，然后让学生想象自己是个盲人，把这个地方重写一遍，写成让盲人能听得懂的文章。现在我的眼睛变坏了，其他感官有代偿功能，我对此有了更深的体会。我的好朋友，包头师范学院教师韩雪萍，她对此非常欣赏，她还问我是怎么想到的。当然，一开始学生也知道我这个训练的目的，他们选择地方的时候就预先留有余地。有的写工地，有声音；还有的写酒馆，有气味。人对外界事物的感受，大多来自视觉，我切断了这部分，让你发动其他的感官，让人耳目一新，实际上也是一种思路。我认为这么做的结果是成功的。学生对这样的练习兴致极高，哪里会无话可说，他们简直有说不完的话。既然学生有很多话要说，好，我给你一个说话的途径。

张： 这样的练习别出心裁，太有意思了！如果我们的写作教学中，经常有这样的练习设计，学生一定不会觉得写作是枯燥的，一定会兴致盎然！由此观之，若想改变写作教学中的不良现状，教师先要放开自己的思想，动脑筋，多学习，敢实践。

章： 我有几个训练的专题，是受到吕叔湘先生的启发，经过了二十几年，才形成一个初步轮廓，可见是多么的不容易。"语文和思维的训练"教学思想当中的一个重要环节，就是要教会孩子怎样使用语言，毕竟说来说去，语文课还是姓"语"。可是长期以来，有的老师却在玩弄一些死概念。我就听过这样的课，还是一个学校的公开示范课，学校推出了他们最得意的老师讲这堂示范课。这个老师讲着讲着，碰到个排比句，就问学生，这是什么？学生回答"排比"。老师再问，排比的作用是什么？学生回答"生动"。就完了。这个老师讲着讲着，又碰到个排比句，就问学生，这是什么？学生回答"排比"。老师再问，作用是什么？学生还回答"生动"！这堂课听得我哭笑不得，老师不仅仅要问这是什么，更要分析作者为什么要这样用。说起排比句，可以打个比方，它就像歌曲里的高音，一首歌如果全是高音，这首歌没法儿唱。为什么这个地方要用排比？这个时候用这样的排比，它起到什么作用？这才是活的东西，是需要老师讲的。

长期以来，语言教学只是停留在一些抽象概念上，有些问题，语法界争论不休。但你让学生辨别什么是单句，什么是复句，辨别来辨别去有什么用处呢？比如说"中国地大物博，人口众多"，这到底是个单句，还是个复句呢？说单句也对，"中国"是主语，"地大物博，人口众多"是宾语，讲得通；说是复句，也讲得通，这是两个句子合在一起的——"中国地大物博"，"中国人口众多"，第二句的主语省掉了，就成了"中国地大物博，人口众多"。可这样讲，就会把学生绕进概念里，究竟有什么用处呢？

吕叔湘先生的"长短句变化"的设想，实际上是把语言教学引入了一个新的境界。它不再是一潭死水，而是活水，它着眼于应用，应用又从实际出发，需讲清楚操作的要领。这完全是语言教学的新境界，一个重要的突破——重要的不是说吕先生举了"长短句变化"这样一个例子，重要的是整个教学理念要发生变化。

接受这个理念容易，可是要讲出门道来，谈何容易呦！从吕先生跟我讲这些话，到《语言和思维的训练》里写的"长短句变化"的相关内容，中间隔了二十几年！我觉得吕先生的思路值得研究，于是就有了我的另一个训练点。沿着这条路继续深入研究，就有了《中学生言语技能训练》。其间还有一本书，叫《简明·连贯·得体——中学生的语言修养和训练》，这本书销售了不少。这本书中的问题是怎么提出来的呢？当时语文教学大纲提出"语言表达要简明、连贯、得体"，这引起了老师们的注意，可是老师们又缺乏这方面的知识，我就尽我所能给他们做出解释，于是写了这本书。

张：《简明·连贯·得体——中学生的语言修养和训练》这本书当时是北京市语文骨干教师进修时配发的必读著作。

章：这本书写起来并不容易。就拿"简明"来说，我们需要讲出语言简明的道理。这里面就有一些理论问题——什么叫必要信息？什么叫冗余信息？语言运用是活的，它要有语言环境。用叶圣陶先生的话说，表达时，心中要有读者，读者知道的事要少说或者不说，读者不知道的事，你要多说而且要说明白。当时我拿"打电报"作为例子来讲这个问题。随着信息技术的发展，现在没人打电报了，以前打电报要到邮局去，先写电报稿，邮局的工作人员给你发，按字收钱，你得算算钱，所以电报稿必须简明。怎么才能做到简明呢？和语言环境有关，有社会语言环境，有人为语言环境。什么叫社会语言环境呢？比方说我要运一批货，如果只有一条运货的路，这唯一的路就相当于社会语言环境。人为语言环境指什么呢？可以理解为我们双方的约定。打个通俗的比方，一对恋人打电话说"明天晚上8点钟，老地方不见不散"。"老地方"是什么地方，双方心里明白，也不便公开，也不需要公开。打电报也是如此，如果双方事先有约定，那么电报稿便可以省几个字了。

语言运用还跟工具有关系。同样的内容，书稿和广播稿，就可能不一样。比如说听到"zhì ái"这个词，它可以有两种解释，一种是医治癌症，一种是导致癌症，意思完全相反。我也出过这么一道高考题——把书面语改成一篇广播稿，那么有的书面语就必须改成口头语，不然听起来就会有歧义。

总之，把"简明、连贯、得体"作为中学语文教学的标准，这是一个大的变革。怎么讲清楚这个变革，按照当时语文老师的知识系统，我必须重新加以解释。这对我的影响是什么呢？一是要阅读很多现代语言学的著作，二是要有针对性地指导学生。这为后来的《中学生言语技能训练》打下了基础。比方说"连贯"，句子的排列顺序要连贯，而排列顺序实际上有时间顺序、空间顺序、逻辑顺序、心理顺序等，不同的顺序注意的地方不太相同。例如时间顺序，这似乎是人们最容易掌握的，可其技巧性又是很强的，有补叙、插叙等，不能把话说乱了。"连贯"还有一个方面需要注意，就是黏合的方法——怎么把孤零零的句子黏合起来。可以说《简明·连贯·得体——中学生的语言修养和训练》是引导我走向新探索的中间站。对我来说，这本书也很重要。

从《语言和思维的训练》开始出现的语言训练专题，到后来的《简明·连贯·得体——中学生的语言修养和训练》，再到后来的《中学生言语技能训练》，这是一条漫长的道路。到了《中学生言语技能训练》，问题又复杂了。我举个例子，很有趣的例子。杜牧有一首诗大家都知道："清明时节雨纷纷，路上行人欲断魂。借问酒家何处有，牧童遥指杏花村。"汉语切分组合可以非常灵活，这首诗一个字不变，可以把它重新组合成一首长短句："清明时节雨，纷纷路上行人，欲断魂。借问酒家何处，有牧童遥指杏花村。"虽然一个字没动变成了长短句，但它的意思发生了微妙的变化。汉语的特点，理论上的探讨，这也意味着语言教学的一个新思路，也是漫长的道路。

张：听您讲了这么多，加上之前读您的著作，能感受到您在语言教学方面有很多新的看法是受到吕叔湘先生的启发。为了拓展新思路，您下了很大功夫，读书、收集学生的例子并进行有针对性的点拨，从而使"语言和思维的训练"成为您语文教学思想的一个重要组成部分。

章：是这样的。现在要讲讲"语言和思维的训练"的升级版。电脑不断升级且升级很快，但我这个升级没那么快。隔了好多年，资料多了，经验多了，理论上的认识也更丰富了，它自然就升级了。我所谓的升级版，就是我带着一批很优秀的一线老师编了一本书。清华大学附属中学、北京师范大学附属实验中学等学校的老师，他们给我提供了丰富的材料和练习设计。所以，那本书的名字就叫作《和高中老师谈写作教学》，这是我出的最后一本书，当时我 81 岁。

从书名上看，就知道这本书和《语言和思维的训练》不一样，它不是一本教材，对象不是学生，是老师。可是《语言和思维的训练》的框架还在。框架是什么呢？一部分谈写作教学，一部分谈语言训练。框架没有变化，可是对象变了，不是和学生谈，是和老师谈。现在看来，《中学生言语技能训练》那本书谈得太多了，没有考虑到普通老师的知识背景。书那么厚，老师怎么读啊？老师读不读得懂呢？于是在编写这本书的时候，我把《中学生言语技能训练》里我认为老师应该知道的、最精华的部分挑了出来，加工成这本书的一部分。

在精简的过程中出现了一个新的东西，就是我列了一张表，把学生的语言技能和要求分为初级、中级和高级。我不是按年级分的，因为实际上学校和学校之间或者一个班级内部，学生运用语言的水平都可能有很大的差距。不同层级的语言能力有不同的特征和要求：初级阶段，它的特征是什么，需要掌握的技能是什么；中级阶段，它的特征是什么，应该掌握的技能是什么；高级阶段，它的特征是什么，需要进一步掌握的技能是什么。我想告诉老师们，对于语言能力较差的学生，你要他注意什么问题，掌握什么技能；语言能力处在中间水平的学生，你要他注意什么问题，掌握什么技能；语言能力已经达到一定高度的学生，你要他注意什么问题，掌握什么技能。这在当时是个新事物，我自己很是得意。当然，这本书也不是很成熟，需要不断修订。

张：这是具有开创性的工作！希望有更多的语文教师关注它、研究它，在实践中运用并完善它。

章：完善它的关键是语文教师自己要提高语言能力。有这么一个例子。我曾经被聘为语文骨干教师国家级培训计划的导师，我给他们讲课，还带了几个学员，最后指导他们写论文。看到学员的论文，我非常无奈，他们自己的语句都不通顺，甚至把学生很生动的句子当作病句，以其昏昏，使人昭昭，难矣！自己糊里糊涂，还想要让别人明白，难啊！这是我在高兴中掺杂的悲哀，这个我无能为力。但是不管怎样，中学生言语技能训练还是前进了一大步。有段时间有很多关于中学生言语技能训练的设计，也可能大家是受到我的影响。如今我岁数大了，把想到的、知道的都说出来，发现真的是太多了。所以这次的叙述做了简化，让整个思路更加清晰，另外也从写作的角度做了进一步的探讨。

过去我总强调，把学生的思维激活是写作课有灵魂的一个必要条件，后来我有所改变。说一件很有意思的事，是什么呢？我一开始很反对"先记叙，后说明，再议论"，反对这种条条框框。而且以前的作文评分还出现过"冤假错案"——这种文体就得这么写，不能那么写，尽管你文笔很好，若文体表现不对，就很可惜。可是当我把学生思维划分为理性思维和感性思维的时候，我再看"先记叙，后说明，再议论"，似乎是有它的道理。鲁迅有篇文章《在酒楼上》，里面有一个细节：吕纬甫说他少年时看见蜂子或蝇子停在一个地方，给什么来一吓，即刻飞去了，但是飞了一个小圈子，便又回来停在原地点。我就有点像这蜂子或蝇子。国外的写作教材，一般是从写自己开始，它有个理论，没有任何人能比你更了解你自己。写自己，当然就是写自己的生活，加上自己的感受，也是从记叙开始。这是一个很有趣的现象。

还有一个很有趣的现象。我孙子冰冰有的作文写得很好，有的作文却写得不太行。他上高中的时候，跟着学校去欧洲，写了几万字的文章，写得很成熟。题目对胃口了，行走于书里书外，他的文章很快在一个刊物上发表了。可是他的作文一到会考就不灵了，高考也不灵了，别人出题目，他就受不了了。由着性子来的时候，得心应手，文笔也流畅；稍微增加一点儿限制，他就受不了了。所以我还从他身上得到了启发：让学生学会在限制中开拓空间。当思维深化以后，我发现自己兜了一个圈子，似乎又回到原点。"先记叙，后说明，再议论"作为一个形式主义的框架，是我反对的；但是从整个的培养方向来看，这个框架并不是没有它的道理。

张：我非常赞同您所说的"把学生的思维激活是写作课有灵魂的一个

必要条件"这个观点！您年纪大了，这是客观事实，但您的思想非常年轻！除了前面提到的一些原因，我认为还有一个原因就是您具有反思的自觉。正是您不断思考、总结、反思，才形成了您的语言教学成果。您笔耕不辍，令吾辈赞叹，我们应向您学习，谢谢您！

章熊先生（左二）与其他老师讨论语言教学实践

中学语言教学的路径

张：章老师，前面您谈了关于"语言和思维的训练"的主要内容，给中学语文教育研究带来了深刻的启发。关于中学生言语技能训练的问题，您也是潜心研究了几十年，在《中学语文教学》和《语文教学通讯》上发表的论文也引发了语文教师和语文教育研究者的强烈反响。这次想请您谈谈中学生言语技能训练的研究成果。

章：好啊！在《语言和思维的训练》这本书完成之后，在教学实践中，我对中学生言语技能的问题又有了新的研究视角。咱们这次也换个角度谈谈。

我认为，中学阶段是人一生中变化最迅速的时期。在这个阶段，学生生理、心理的变化都很快。那么，这个阶段学生的书面表达，例如作文，是如何变化的呢？杭州大学朱作仁教授等曾做过类似的调查分析，具体数据看下面这张表：

	内容	语言	结构
小学	45.27%	30.80%	23.93%
高中	20.60%	61.40%	18.00%

这项调查数据显示，按重要性的顺序排列，小学为"内容—语言—结构"；高中则变为"语言—内容—结构"。它让我们清楚地看到青少年书面表达的变化轨迹，并且告诉我们：青少年从"写话期"进入"写作期"，语言运用能力在青少年的学习期间起着越来越重要的作用。

张：任何调查分析都是以特定的调查对象为依据的，它有着自身的特殊性，其数据会随着调查对象的变化而变化——这批调查对象如此，其他对象如何呢？

章：问题提得好。我在主持教育部考试中心"大规模考试作文评分误差控制"课题组的工作时，曾经用浙江金华地区高中会考419份作文试卷（作文题目是《"'一'字最难写"的联想》）进行了分析统计，统计结果是"语言"一项的因素负荷（权重）超过了"内容""结构"两项之和，你看这张表：

	内容	语言	结构
权重	27.1940%	51.5547%	21.2513%

张：那为什么会产生上述这样的变化呢？

章：原因有很多，但主要有两点：一是学生写作的内容越来越复杂了，二是学生的语体色彩发生了变化。不过中学生不是成年人，更不是作家。我们只能按照中学生的特点来安排我们的教学策略。

张：关于这一点，您曾谈到过，中学生早已超越了语言习得阶段，进入了语言学得时期。这个时期，语言水平的提高，语感的培养是非常重要的。在我们的传统教学中，语感形成的过程依靠的是直觉，学生是在一种无意识状态下获取技能、发展能力的。"熟读唐诗三百首，不会吟诗也会吟""熟能生巧"就是这种过程的写照。因此，传统的语文教学观念和方法就是强调"多读多写"，让学生自己去感悟、去思考。然而这也存在一定的缺陷。第一，它并不总是有成果的；第二，它是缺乏效率的。是这样的吧？

章：是的，你记得很清楚。

张：现在的中学生要学十几门甚至二十几门课，"多读多写"是不现实的，不仅没有时间，精力恐怕也难以支撑。这是件令人苦恼的事。对现在中学生的语言学习，您的思考是什么？

章：所以我认为中学生要注重言语技能及其运用。我前面也提到过，语感是言语能力形成的条件，而它的形成往往难以言传。一种工具，当我们高度熟练掌握与运用的时候，就会从我们的注意范围里消失。我们的老师多数也是和语言文字"有缘"的人，他们在语言的运用上可能也是相当高明的老手——提笔成文洋洋洒洒，即兴发言滔滔不绝，如何操作语言已经在他们自己的视野中失去了踪影。是的，作为一种得心应手的工具，我们筛选词语、遵循语法、斟酌表达方式的过程往往是直觉地、无意识地进行。蜜成花不见，我们关注的往往是语言的意义而不是语言本身，我们意识到的往往是语言使用的效果而不是过程。

一名优秀的运动员不一定能成为一名优秀的教练，同样的，一位著名的作家也未必能成为一位好的语文教师。语言使用的过程不容易说清楚，然而作为一名教师，我们又不得不说。我曾企图借助系统的语法、修辞知识的讲解来达成语言教学的目标，可是这种方法已被实践证明是烦琐机械、僵化无效的。

那么，道路何在？

准确地说，语文课的语言教育，它所涉及的不是"语言"，而是"语言的运用"。学习母语所遇到的问题和语言学所研究的问题不是一回事，没有注意到二者的区分，是我们过去语言教育走入误区的重要原因。此外，我们所依赖的语言知识体系也相对陈旧，这就使我们的知识传授更加不得要领。

思维最根本的性质是反思。我们这里的"反思"是指解读言语操作的过程，是指在语言运用范围内从自为的状态转入理性的思考。前面说过，绝大多数能够准确、流利、有效地使用母语的人并不能清晰地说出自己的言语过程，他们是在无所觉察的情形下使用语言的。现在，我们就要努力去破译这个过程。它意味着我们的语言教学应该从沿袭已久的静态描述转入动态分析的轨道，还要设法把理论探讨转化成教学行为，让学生能够掌握实用的操作技能。

张：那我们应该如何着手呢？

章：我认为，一是吸取别人研究的成果。20世纪50年代以来，语言学包括语用学、语篇分析等分支学科的研究取得了长足的进展。这些研究成果虽然不能直接移植到我们的教学里来，但是它们特别是语言学习理论的建立和发展，对我们有着重要的启发作用。

二是借助一定的理论和方法对自己进行分析。如人饮水，冷暖自知，自己的体验是别人无法了解的，然而了解自己也并不是那么容易的。哲学方法中有一种叫"内省"，解读言语操作过程也需如此。

三是分析我们的学生。我们的目标是有限目标，我们的对象是特定对象，因此我们需要认真研究我们的对象——中学生。对于学生的母语学习，我们会感到既熟悉又陌生。说熟悉，我们闭上眼睛会浮现出他们的言谈笑影；说陌生，我们未必了解他们的心理和操作的进程。要解析它，我们就要善于与学生交流。无论是正面或反面的典型语例，还是与学生交流的记录，都是极其珍贵的资料和经验。

这种反思的结果将不同于我们过去所熟悉的"语言知识"。它将容纳语法、修辞、语篇、语用等学科现代研究的成果，但又不是这些学科本身，而是这些学科相应内容的筛选与化合。这当然是一项艰巨的工程，不是我们的能力所能承担的。我们所能做的，是告诉老师：这里有条路，有待大家一起来开拓。

反思的成果实施于教学，可以有两个渠道。一个是渗透到我们的教材分析里。经过理性的反思，我们会发现教材中有许多新的闪光点。经典作品总有典范性语例，典范性语例是培养学生语感、扩大学生积累的宝贵资源。经过理性的反思，一些过去没有引起我们注意的会引起我们注意，我们可以借助比较等手段深化学生的认识，充分、有效地发挥这些资源的功能。

张：另一个渠道就是言语技能训练吧？

章：对。但要注意的是，言语技能训练也不能采用过去我们所熟悉的知识传授的办法，它必须转化为可以操作的教学途径。

张："可以操作的教学途径"对老师来说十分重要，就像您之前将老师比喻成教练，这对于语言学习乃至语文教学来说，都是具有启发性的。因为语言学习是学生个体的感受和获得，而不是单纯地听教师讲。那么，中学生的语言技能应该包括哪些内容呢？

章：我们需要先了解语言运用的不同层级。

语言运用的第一个层级是规范化。

语言是一种社会现象，然而个人的言语行为又是一种个体现象，和人类的其他社会行为一样，它需要受到社会规范的制约和改造。母语是可以自然习得的，不过自然习得的母语与社会规范之间往往存在着不同程度的矛盾，需要一个适应过程。这个过程，我们可以称之为"个体语言社会化"，它主要表现在书面语言方面。

中学生的语言运用正经历着从口语向书面语的过渡，因此掌握母语的书面形式就是这个阶段学生学习语文的重要任务，这是各项语文能力得到进一步发展的基础。

语言运用的第二个层级是熟练操作。

在这个层级上，表达者不仅对一个句子的组织已经操纵自如，而且对语言形式的控制范围也已超出了句法，他们已经能使句与句之间自然衔接。我们通常把这种言语技能熟练的表现称之为"通畅"。在这个层级上，语言的运用者已经开始具有一定的自觉性。我们曾经说过，同样的内容并不是只能有一种言语形式，但是不同的言语形式有优劣之分。语言运用得熟练的人，就能够要言不烦，而且能在一定的同义形式中进行选择。到了这个时候，他们已经能够注意不断提高自己言语表达的清晰程度和流畅程度。

张："熟练操作"应该是一个高中生在语言运用上努力追求的目标。

章：我也是这样认为的。

语言运用的第三个层级是适应和利用语境。

语境有内部语境与外部语境之分。内部语境指上下文，外部语境指言辞以外又和言语交际有关的诸多因素，特别是场合及情境。在这个层级上，语言的运用者已经能够注意上下文之间语言形式的和谐，并且注意与场合、情境的协调。再进一步，他们不仅能够注意避免自己语言的运用和语境之间出现冲突，还能够积极地利用语境来加强表达的效果。到了这个时候，他们的语言运用已经具有相当高的自觉性。

我们很难要求每一个高中生都能够达到这个目标，但这应该成为一种导向性意识，为他们走出校门后的发展打下基础。

语言运用的第四个层级是艺术化。

我们分析语言运用的这个层级时，已经进入了语言美学领域。语言进入了艺术境界，自然具有鲜明的个性。每个作家都有自己的读者群，不同的作品拥有不同的受众。作品有个性，品评者也有个性，这就引起了鉴赏的差异。语言艺术的沟通、感染不仅有个体差异，而且有着浓厚的文化色彩。这是运用语言的最高境界，也是主观色彩最强的层级，无论对作者还是鉴赏者都是如此。

张：我理解您对语言运用所分的层级和您的用意。在中学阶段，语言运用的艺术境界对陶冶学生性情、使他们具有一定的文化积淀是必要的。少数学生可能接近这一境界，其中个别学生可能由此而决定今后的发展方向。但就整体而言，我们只能把它作为一种积累因素而不能作为行为目标，是这样吗？

章：这也是我的观点。

当我们把语言的运用分解成不同层级的时候，我们就会看到它们之间的关系：第一个层级是基础，第二个层级是对第一个层级的发展，第三、第四个层级是朝着实用和文学两个不同走向的深化。不同层级有高低之分，一个人的语言能力从低层级向高层级发展，高层级对低层级有着覆盖作用。同时我们也要看到，人们的读写活动还要受到内容的制约，因此较高层级能力的出现并不意味着较低层级的问题已经全部解决。比如随着表达内容的复杂化，原来语句通顺的学生的作业里会出现新的病句。语言运用能力的发展与人类思维能力的发展一样，较高层级能力的出现并不意味着较低层级能力的消失，而是较低层级的能力要在较高层级能力的引导和推动下得到进一步完善。

我们还可以看到，中学生的语言训练主要是针对第二个层级而言的。当然，在这个层级上，我们还可以适当地向第三、第四两个层级延伸。

张：根据您前面叙述的意思，语言训练"规范"是基础，"熟练"是目标，"适应和利用语境"是运用，"艺术化"是最高境界，而最高境界可能在少数学生中出现。那么，您认为中学生应该掌握的言语技能究竟有哪些呢？

章：下面是我根据目前的经验和认识所归纳的《言语技能分层细目表》，跟大家交流。

言语技能分层细目表

层级	言语技能	要求
初级	1. 书写正确 2. 标点恰当，格式正确 3. 用语规范 4. 句子组织正确 5. 意思表达清楚 6. 句子排列合理	1. 掌握常用字 2. 消除常见错别字 3. 符合课程标准要求 4. 以普通话为准 5. 不出现常见语法错误（包括方言语法） 6. 不出现明显歧义 7. 对于熟悉而不太复杂的内容，一般不出现倒错、紊乱、逸出、脱节

续表

层级	言语技能	要求
中级	1. 话题明确，用语比较简洁 2. 句子组织合理，便于读者理解 3. 注意话语的衔接，保持语言连贯 4. 能够根据语义重点的变化来组织或调整语句	1. 能尽量汰除或减少冗余语句 2. 句子长短适度，能进行长、短句之间的转换，能注意多重修饰语的安排 3. 句序排列基本恰当，而且能比较熟练地使用关联词语和过渡性话语 4. 能比较熟练地根据需要调整语序、句（分句）序以及更换关联词语
高级	1. 能够根据强调的需要，灵活调整语句 2. 能够根据修辞的需要，灵活地运用或变换句式和用语 3. 能够注意不同语段之间的呼应 4. 能够注意并且处理语言的风格色彩	1. 能比较熟练地进行句子成分的移位（变式句）以及句式的调整，能在长短、整散之间灵活转换，能比较恰当处理用语的重现与变化，并且注意上下文之间用语的协调 2. 能在不同语段之间感觉到语义的联系点，而且采取恰当的语言形式接榫或相互映照 3. 能懂得语体的区别及其对应情况，并且能够根据语境的需要遣词用语

这个表格及内容还是比较粗糙的，相信实践会使它不断完善。关于它，有两点需要做些说明：

第一，"层级"和"难度"不是同一概念。"层级"的划分，是根据技能因素的多寡以及技能以外因素的参与程度而定的。层级低的，也可能难度很大，比如说同是汉字的书写，学生语库中熟悉的常用字和冷僻字在字形掌握的准确度和处理难度方面是大不相同的。反之，层级高的也可能相对容易，这和涉及的内容有关系；在我们的训练中，还和练习设计的形式和要求有关系。

第二，这个逻辑模型不是教学程序。逻辑模型的拟订要注意周延、完整，要注意不同层次之间的覆盖性；教学则要注意有的放矢，要注意针对性。言语能力的发展具有阶段性，小学和中学不同，初中和高中也不同；不同地区、不同环境的学生群体情况不同，问题的焦点也不同，而且学生之间还会有个体差异。我们的教学要因材施教、因势利导，因此这张表格里的内容，有的需要训练，有的不需要训练，有的可以暂时不做处理。

张： 您的这张表格看似简单，实则内容丰富。经您解说，更加觉得这张表格的内容可以作为我们研究中学生言语技能的一把钥匙。希望有更多的语文教师和研究者能够在您研究的基础上取得更多的成果。

章： 丰富多样的教学方法有赖于老师们的创造。

关于修辞教学的意见

张： 修辞教学的内容多年来常常是以"辨析辞格"为学习重点，也就是区分语句中用了哪一种修辞格，可是许多学生却写不好一个比喻句。您写的那篇《关于"修辞格"、修辞、修辞教学的反思》引起了学界的注意。这次想请您谈谈关于修辞教学的问题。

章： 那篇文章是怎么写成的呢？当时天气闷热，电脑黑屏，我只好读书。读着读着，有点儿想法，其实有些问题是一直在想的，我就写下来了，带有随笔性质。其中有一些看法是别人的，可能没有一一注明出处。如果大家觉得有些道理，我感谢那些和我想着同样问题——包括尚未晤面的诸多朋友们。

你说到的现象，有历史原因，有理论模糊的原因，再有就是对修辞在中学语言教学中的价值认识不足的原因。我经常用这两句话思考问题：一句是黑格尔的"存在即合理"，另一句是鲁迅《狂人日记》里的"从来如此，便对吗"，辩证地看问题，会使自己的思想不至于陷入某种框框之中，而是更趋向客观。

张：这是一种审辨性思维，正所谓"守正创新"，请您慢慢道来。

章："修辞格"在英语里又称 Figure of Rhetoric 或 Rhetorical Devices，不过据说 Figure of Speech 是最早和最通用的说法。西学东渐，我国接受西方修辞学时，也是据此定名的，那么 Rhetoric 翻译成"修辞学"是顺理成章的事，因为我国自古就有"修辞立其诚"的说法。

"格"的盛行，是有典籍可查的，且著作不少。但随着历史的发展，"品"与"格"渐渐分工，修辞的研究进入"格式"，问题就越来越复杂，概念也越来越多了，有的甚至不太好理解，就不多举例叙述了。

"风格""格调""格律""格式"这四个与"格"相关的词，大致反映着修辞学从语言艺术的美学鉴赏到技法研究的不同层次。我们的先人在《文赋》《文心雕龙》等这些修辞理论萌芽时期的经典著作的基础上，逐渐将视野扩展到上述四个层面，并且形成了许多具体的主张，这是成绩。

然而分析得越细，人们越是眼花缭乱。就拿"对偶"来说，王昌龄说有 5 种：势对、疏对、意对、句对、偏对，元竞《诗髓脑》说有 6 种对：平对、奇对、同对、字对、声对、侧对，崔融《唐朝新定诗格》说有 3 种：切侧对、双声侧对、叠韵侧对，皎然又说有 8 种：邻近对、交络对、当句对、含境对、背体对、偏对、双虚实对、假对……名称这么多，当然有名不同而实同的，《文镜秘府论》加以归纳，有 29 种。到了宋朝，又添了"俚语对"。再以"比喻"而论，宋代陈骙《文则》归纳了 10 种：直喻、隐喻、类喻、诘喻、对喻、博喻、简喻、详喻、引喻、虚喻。分得这样细，难道只是古人如此吗？今天有人归纳比喻的格式竟然达到了45种！

张：看来这真是"古今通病"。

章：至于"法"，也是使人目不暇接。陈绎认为"起"法就有8种，问答、颂圣、叙事、原本、昌头、破题、设事、抒情；"结"法又有9种，问答、张大、收敛、会理、叙事、设事、摅情、要终、歌诵。王昌龄关于"起首入兴"的方法又有14种……真是琳琅满目，使人目眩神迷。

对一个学习写作的人来说，如果要他动笔之前先想好自己要选用上述的哪一种"格"、哪一种"法"，恐怕无论是谁都会觉得可笑。

张：可是做这种分类的人并不是"年迈犹复事雕虫"的学究先生们，他们都是写作的行家里手，其中还不乏著名诗人。那么，这又该如何解释呢？

章：我以为，第一，它们是在某种体裁发展时期对一些语言现象的思索、探究和经验的归纳。这些思索、探究和归纳是属于较高层次的，多少带有锦上添花的性质，而不是雪中送炭，或者说，不是为初学写作者准备的。

第二，这些归纳，也反映了我国古代学术习惯与方法的特点。我国古代学术方法，由于历史方面的原因，以精深见长，然而也有局限，那就是不容易形成严密的理论架构。

第三，在概念的确定和解释方面，和上面谈到的缺乏系统的理论架构有一定关系，也和汉语特点以及我们的表述习惯有关系，常常采取意合与具象化的方式。这种表述方式，蕴涵丰富，但往往不容易理解和把握。

这些总结，对总结者来说，是了然于胸的，但对缺乏相应体验和水平的人来说，却未必了了。这也正如目前各种各样的"某某法"一样，就方法创始人来说，因为有可贵的经验和体会在心里，所以是有效的；

但是施之于别人，变成了僵化的模式，也就失去了生命力。

上面所说的"理论架构"，并不是靠形式逻辑来"叠床架屋"。形而上学地划分，结果是种类越来越多。划分过细则不实用，这一点大概人们都会同意。然而划分过细的状况，好像不但是"古今通病"，也是"中外通病"，而且愈演愈烈。根据一些资料显示，国外的修辞格分类，最多的达到了 250 多种。

修辞格越分越多，成了大杂烩，成了许多彼此缺乏联系的概念的堆积，招来了人们的反感和抨击，以致 17 世纪英国诗人沙缪尔·巴特勒讽刺说："修辞学家的全部条规章程，不过是教人给手中的工具命名。"比利时列日学派在《普通修辞学》的导论中更是尖锐地指出："显而易见，即使这些无穷无尽的列举不是旧修辞学衰败的最根本原因，无论如何，也是它们没落的证明。"

张：古今中外都将修辞格做了细细的分类，用您的话说，这种"存在"应该有其"合理性"，您怎么看呢？

章："修辞格"毕竟是一个在历史过程中逐渐形成的客观存在的事实，所谓的"古今通病""中外通病"，说明它存在的普遍性。我们不能因为它烦琐不切实用就轻易将它否定，而应该在承认它存在的合理性的同时，力求改变它烦琐、零散的状况。

我们首先想到的可能是分类。分类是对层次化的一种努力。把零散的"格"加以归纳，较低的层次归纳为较高的层次，纷繁的头绪就会趋于简单。比如说，对偶可以归纳为"正对""反对""流水对"三种；再比如说，各种各样的比喻我们可以归纳为两种：明示的、隐含的——公开申明是在打比方，或者明明是比喻却故意不说出来。然而，这种归纳在较低层次上比较容易，在较高层次上却并不那么简单。

在这个问题上，我们的前辈们已经有所探索。像唐钺先生就曾将修辞格分成五类："比较""联想""想象""曲折""重复"；黎锦熙先生则分为四类："理解""想象""情趣""声色"；陈望道先生虽然也分成四类，但和黎先生很不一样："材料""意境""词语""章句"。新中国成立以来，这种探索仍在继续。20 世纪 50 年代，有周振甫先生的六分法："具体""强调""含蓄""趣味化""精练""变化"；20 世纪 60 年代，张弓先生只分了三类："描绘""布置""表达"；等等。先生们分类的角度、方法不同，不过大抵上是从功能、结构、方法三个方面着眼的。"文革"以后，特别是 20 世纪 80 年代以来，修辞学者们又进行了新的努力。有的初沿旧绪，有的偏重于结构分析，王希杰则从美学角度，分为"均衡美""变化美""侧重美""联系美"四类；与众不同的是吴士文，他分成"描绘体　描绘对象体""换代体　换代本事体""引导体　引导随从体""形变体　形变原形体"四大类；此外，还有企求从逻辑角度进行多重划分的，如王佐，他按"有形式特征"和"无形式特征"进行划分，再按"能照辞直解"和"不能照辞直解"进行第二次划分，提出了"二次二分法"。

　　方法论是学科发展的灵魂，辞格分类意见纷纭，表明其分类还没有找到恰当的切入角度和分析手段。按功能、结构和方法分类，会使标准多元化；仅从结构特征入手，或者纯逻辑划分，或者完全按照美质原理归纳，似乎都没有把握修辞作为语言艺术的实质。看来还需要另辟蹊径。

　　张：那您说的这另辟的"蹊径"在哪里呢？

　　章：我认为，辞格系统化的关键在于把握辞格之间的内部联系，探求其变化的内部机制。这种探求，应该使辞格的研究从静态分析转为动态的观察与描述。修辞所凭借的物质材料是语言，它必须遵循语言运用的法则；同时，它又是一种目的在于提高表达效果的运用语言的艺术，要遵循艺术创造的一般规律。因此，二者究竟怎样结合就应该成为我们思考的焦点。语言学家雅科布逊说得好，诗学主要探索这样一个问题：言语信息是怎样成为一件艺术品的？

张："言语信息成为一件艺术品"，怎样理解这句话的意思呢？

章：首先是艺术创造法则的作用。王朝闻说过："绘画中的形与神的关系，诗文中的分合、明暗、反正、夷险、繁简、巧拙……这些对立对于语言艺术和造型艺术，是共同的，有不受具体内容局限的普遍要求。艺术美的普遍性，通过各种各样的艺术形式得以体现。"我国的艺术传统一直重视"形"与"神"的关系。形似就是力求准确，神似就是变形。变形是艺术创造的普遍法则。无锡的泥阿福憨态可掬，其躯体的比例远远异于常人；民间的虎头鞋，与真正的老虎相去甚远，我们却觉得它那么可爱。比喻就是一种变形。刘勰在《文心雕龙》里说："物虽胡越，合则肝胆。"是谈比喻，也是谈神似，我们的古人实在是比西方修辞学者更能把握艺术创造的精髓。神似诉诸感觉上的真实。譬如"芙蓉如面柳如眉"，倘若一位时髦女郎的脸上长着一朵花，花上还长着一动一动的柳叶，人们恐怕要骇然而走；然而人们并不会产生错觉，正如我们读到"宝玉听说，便猴向凤姐身上立刻要牌"，绝不会联想到宝玉像猴子一样身上长着毛。从准确到变形，我们借助比较、联想、想象等心理活动进入了语言的艺术境界。于是摹状、拟声、移觉、映衬、夸张、比喻、比拟、借代、象征……排列有序，各自找到了归宿。

接着，我们会感受到语音、句法在语言艺术中的作用。语音和句法是语言中的两个不同的因素，然而作为汉语的语言艺术，我们好像很难把它们分开。中国实在是一个讲求对偶和普及对偶的国家。年年春节有春联，走到每一处都有楹联。正是对偶句推动了声律的研究，成为我国修辞学发展的重要催化剂。

从汉语的构造来看，声调恰恰是音节最有意义的部分。声调是条锁链，是个框箍，对音节起着锁固的作用。句式结合了声律，演变出许多格式和要求，于是，对偶、排比、反复、错综、层递、回环、顶针……
又组成了一个系列。

张：冰心老人曾对中学生说："不懂得音节、平仄就不会写文章。"可见语音在汉语语言艺术中的重要作用。

章：是的。语言的组成因素还有语义，语义的变化也是人们进行修辞活动的一个方面。由于语言的模糊属性以及语词的多义性，产生了辞里有可能与辞面不一致的效果——意在言外。"意在言外"就是言语传递的信息不同于或大于它的载体。钱锺书说："句法以两解为更入三昧。""诗以虚涵两意为妙。"这是修辞活动所追求的一个极高的境界。不仅言语修辞如此，绘画亦然。宗白华曾说："八大山人画一条生动的鱼在纸上，别无一物，令人感到满幅是水。"蕴涵丰富、意味深远，是我国各种艺术共同的审美标准，也是汉语语言艺术的特色之一，自然也就成为我国修辞研究的一个极为重要的领域。

语义变化的途径还有语气。语气不同，所传递的信息可能有所差异甚至相反。语气的变化，常见的是强化和弱化。在现有的修辞格式中，同语和撇语可以说起着强化的作用，委婉则通常是弱化的一种方式。

沿着这条思路，委婉、含蓄、双关、反语、同语、撇语……也自成系列。

张：您谈的几个方面的排序，有点发生学的因素。一般来说，比喻是各民族最先使用的修辞形式。一个民族的语言发展过程与个体的发展过程近似，小孩儿一般也是先学会比喻，再慢慢学会其他的修辞形式的。

章：是这样的。除此以外，还有词汇和文字。词汇方面的修辞手法，有"藏词"之类的；至于文字，由于汉字构造的特点，又有了"连边""析字"等。不过这些大多迹近语言文字游戏，也不是初学写作者所能涉猎的，不必多谈。

辞格可以兼容、复合，不同的系统可以共存。一个语言单位常常可以同时利用不同的修辞手段，例如"山舞银蛇，原驰蜡象"，它既是对偶，又是比喻。同一系统内部还可以分成更小的系列，小系列各辞格之间有时却有点儿像连续光谱，典型现象显示出它们的存在，彼此之间却没有截然的界限。例如"借代"和"借喻"如何划分，就是修辞学家们争论不已而且使他们头痛的问题。

这样，我们的面前就出现了几个子系统，几个子系统之间相互渗透，相互影响，互相组合，为修辞活动提供了广阔的空间。于是，我们就看到了语言的这种艺术是如何形成和运作的，言语的常规模式又是如何转化成超常模式的。珍珠成了项链，池塘变成河流，人类的修辞行为就在我们眼里"活"了起来。

张：您前面谈了修辞格的分类及其相互之间的渗透、融合，谈了修辞对于"言语信息艺术化"的作用。修辞属于语言世界，可语言世界之外还有更大的世界。外部世界发生变化，修辞所统属的小世界也会发生变化。那修辞观念的演变过程是怎样的呢？

章：那我简单谈一谈我的认识。人类对外部世界认识的深化，促进了对自身的认识，其中包括对语言的认识。由于进化论的提示，出现了历史比较语言学；由于物质结构的发现和研究，出现了结构主义语言学；伴随着信息论、控制论和系统论这三大理论的问世，转换生成语言学又应运而生。

我们的思考应该从语言和言语的区分开始。20世纪初期，"现代语言学之父"索绪尔较为科学地区分了语言和言语，确定了语言研究存在着语言和言语两个领域，从而将语言学的发展导向一个新的阶段。这种区分也好像在我们面前打开了一扇窗户，可惜的是，这扇窗户中与我们关系最密切的半扇刚被打开就又被关上了，因为他又说："语言学的唯一的、真正的对象是就语言和为语言而研究的语言。"自此以后，语言学虽然取得了一系列辉煌的成果，但都限于对语言体系的研究，忽视了对语言运用的研究和言语教学。

生活的逻辑修正着书本的逻辑，实践的发展推动着理论的发展。大约在 20 世纪 60 年代，语言学的探索大致向两个方面开拓。一是与其他学科横向结合，产生了一系列交叉学科，特别是语言学和社会学交叉产生的社会语言学，克服了孤立地研究语言的内部结构与形式的缺点，被称为语言学的"第三次解放"。二是在其他学科和相关交叉学科的影响下向内部纵深发展，像音系研究、语义研究等。这些发展和变化，研究动力之一就是语言与言语的矛盾。

当人们发现已有的语言学研究不适用于自然语言，进而研究言语的运用时，语用学出现了；当人们发现对句法的解释不能解释句以上单位的语言现象时，古老的篇章学复苏了，而且在现代理论的指导下重新架构，建立了篇章语言学，即语篇分析；当人们探讨语言学如何用于语言教学时，语言学开始与教育学、心理学、统计学等学科结合，于是应用语言学诞生了。

张：您的介绍虽然简单，但是很明了，让我们对语言学演变的认识有了清晰的线索。那修辞观念有着怎样的演变历程呢？

章：其实，修辞学远比语言学古老，如果从体大论宏、自成体系的《文心雕龙》算起，修辞学在我国已经有一千数百年。如果从"修辞学"这个概念的发源地来看，则可以追溯到古希腊，而语言学发展至今只有两百多年。

我国接受了西方"修辞学"这个概念的同时，也引进了西方的修辞观念。首先出现的，是当时占统治地位的"修饰文辞"说。

从西方修辞学的发展过程看，古希腊的"修辞学"实际上是"雄辩术""演讲术"，它既反映当时社会政治、文化特点，也很注重实用。这时候的修辞学是生气勃勃、充满活力的。马克思曾经把古希腊神话比作发育健壮的孩子——虽然幼稚，却很可爱，这个比喻也适用于当时的修辞学。随着古罗马帝国的灭亡，修辞学也渐趋式微。殆至文艺复兴以后，才重新活跃，然而其内容已发生变化。到了 16 世纪，法国学者拉姆斯主张修辞学不再涉及思想内容，只研究遣词造句和文体风格，逐渐定型于修辞格和文体划分。加以中世纪的烦琐哲学，划分越来越琐细，给后来留下了长远的不良影响。

西方观念与我国传统结合时，我国传统修辞学中的消极部分——只注重书面语辞以及对形式美的过细分析与分类，容易与"修饰文辞说"合流；而其积极部分——"修辞立其诚"的思想以及从整体着眼，注重内容与形式统一的观念，则与之抵触；至于我们的风格学、篇章学，则遥遥领先于当时的理论水平。在我国传统的基础上，接受了科学的方法，代"修饰说"而起的，是"调整语辞说"。

倡导"调整语辞说"的首推陈望道先生。他在《修辞学发凡》里说：修辞原是达情传意的手段。主要为着意和情。修辞不过是调整语辞使达意传情能够适切的一种努力。既不一定是修饰，更一定不是离了意和情的修饰……与其说是语辞的修饰，毋宁说是语辞的调整或适用。这个宣言旗帜鲜明地批判了"修饰"的观点，指出"修饰说"的要害——一是专着眼于书面语辞，二是只注意华巧的藻饰。陈望道先生的观点，引领了我国修辞学研究整整一个时期。

然而，"调整语辞说"还存在着不足。第一，修辞不全是语辞的调整，许多出口成章、落笔成文的写作活动并不存在调整问题；第二，调整语辞的活动，如果只能靠"言随旨遣""随情应境"的随机应变，就很难把握，也很难条理化。

继之而起的是"同义手段选择"说。吕叔湘先生率先提出了"选择"的观念，他说：修辞学，照我的看法，应该是"在各种可供选择的语言手段之间——各个（多少是同义的）词语之间，各种句式之间，各种篇章结构之间，各种风格（或叫作'文体''语体'）之间——进行选择，选择那最适合需要的，用以达到当前特定的目的"。王希杰则进一步将"同义手段选择"观念定义化：修辞活动是一种语言手段的选择活动，这一选择主要是在各种各样的丰富多彩的同义手段中间进行的。"同义手段选择"可以说是 20 世纪 80 年代中国修辞观念发展的主流，张志公先生也大力倡导这一思想。这种研究，已经突破了辞格、选词和炼句的范围，扩展到口语和书面语交际各个领域不同语体的修辞现象。

不过"同义手段选择"也有不足之处。第一，它比较适用于句以下的语言单位，难以进入句以上的区域；第二，它难以条理化，难以概括出几条便于把握的规律和规则。

不过无妨，因为人们的探究永远不会停止。但是当我们环顾周围，特别是中学修辞教学的时候，却发现：一方面是观念不断更新，另一方面又囿于习惯的传统观念，积重难返。

传统观念的第一个缺陷是只注意特殊修辞而不注意一般修辞。一般修辞是常规修辞，而特殊修辞是超常修辞。只注意特殊修辞，就使修辞学失去了实用性。关于实用性问题，后面还要进一步讨论。第二个缺陷是只注意静态描述而不注意动态分析。若要进行动态分析，就要涉及语境。

张：请您举例具体谈谈，好吗？

章：例如，在一定语境中，粗俗可以艺术化，就像《水浒传》中的这句话：

若真个是宋公明，我便下拜。若是闲人，我却拜甚鸟！

金圣叹对此大加赞赏，批道："妙语，看他下语真有铁牛之意。'拜鸟'二字未经人说，为之绝倒。"

再如，语境可以使不通的变"通"。例如，曹禺的《日出》中的这句话：

我顶悲剧、顶痛苦、顶热烈、顶没法子办。

"悲剧"是名词，不能用副词"顶"来修饰。然而用"顶悲剧"来刻画俗不可耐而又附庸风雅的顾八奶奶，却是入木三分。

还有，语境可以使不合事理的变为合理，还能取得艺术效果。例如《儒林外史》的这段话：

问五河县有甚么<u>山川风景</u>，是有个<u>彭乡绅</u>；问五河县有甚么<u>出产希奇之物</u>，是有个<u>彭乡绅</u>；问五河县那个有<u>品望</u>，是<u>奉承彭乡绅</u>；问那个有<u>德行</u>，是<u>奉承彭乡绅</u>；问那个有<u>才情</u>，是<u>专会奉承彭乡绅</u>。

画线的相对应的词语之间，不仅逻辑上是不合理的，有的甚至是矛盾的。然而我们不能不感到"无理而妙"，感到这种"无理"中的特殊意义和情味。

还要注意的是，在语境之中，语义可以发生截然相反的变化，例如下面的语段：

他敏感、机灵，脑子反应很快。无论遇到什么事情，都能随机应变，化被动为主动。在政治运动中，他表现得更为突出，每次都能当上积极分子。人们称他一贯正确。

　　上面这段话一共有四个句子。孤立地看，似乎都是褒义，特别是第一、第二句；但是在特定社会背景中，四个句子一组合，褒义变成了讽刺。

　　进行语境分析，必然涉及上下文和情境，还有社会文化环境，那就势必要进入篇章修辞领域。事实上，词语的修辞与篇章的表现方法在许多方面是相通的；于是，张志公先生提出了"辞章学"的主张。为了弥补"选择说"的不足，刘焕辉先生又提出了"组合"的观点。凡此种种，包括此前的"调整说"的研究，现代语言学的成果已经并且正在成为修辞学者思维的手段和武器，揭示着修辞学研究的前景。

　　张：听了您谈的修辞演变历程，我对修辞理解的视野开阔了许多。下面请您谈谈修辞教学吧。

　　章：谈前面的内容，目的就是要将我们的目光转向修辞学的内部世界，探索其中的一个区域——修辞教学。

　　正如我们的大千世界一样，每一个子系统都围绕着它的母系统运转，它自身也在运转；即便是最底层的子系统，也自有其天地，自成一个小小的世界。修辞教学也需要有自己的大纲、自己的教材、自己的教法。为此，我们就要求助于应用语言学，从应用语言学那里求取思路和方法。

　　第一，我们需要调查统计。既要调查学生言语技能的进展状况，又要统计学生中常见和多发语病的频率和分布。在这方面，我们需要应用教育测量的统计技术。

　　对于学生中出现的语病，应用语言学的经验告诉我们：应该区分系统形成前的错误、系统错误和系统形成后的错误，从而分别采取不同的对应策略。对于发展期中的错误，不必大惊小怪，当学生发展到更高层次的时候，有些问题会自行得到解决，就如同学了代数，许多算术应用问题迎刃而解一样。

第二，正如同理论语法不同于教学语法一样，修辞学理论也不同于修辞教学。因为修辞学理论是一个科学系统，这个系统不考虑教学的特点，也难以施教。修辞学的内容，有些是非学不可的，有的则可以排除在外。这样，我们就要在调查、统计、分析的基础上对修辞学的全部内容进行筛选，不仅要选择项目，还要确定分量，并且重新排列。

第三，教学内容的排列需要按照学生的认知和学习的规律，组成螺旋式状态。因为我们不能指望认识能够一次完成。知识必须分阶段传授，能力只能一步步获得，螺旋式排列更接近语言学习的自然过程。在这方面，学习心理学又是我们必不可少的基础知识。

创业维艰，然而我们的艰难历程好像到此还没有结束。因为我们还要把修辞的知识系统改造成操作系统。

张：修辞学最重要的功能是表达功能，因为它本来就是因表达的需要而产生的。所以，有助于提高表达效果才是修辞学的生命。对学习和运用修辞知识的人来说，修辞教学不应当把他们的精力和时间都引导到对修辞格的无穷无尽的辨认方面去，那会使他们忘记修辞学的生命在于运用，会使得他们最终对修辞知识失去兴趣。夸美纽斯说过："好的教学必须能够促使学生学得快些，学得愉快些，学得透彻些。"在这种无穷无尽的辞格辨认中，学生自然没有愉快可言。是这样的吧？那您说的修辞教学的"操作系统"又是什么呢？

章：你说得很对。修辞是一种言语行为，因此修辞教学就应该是对修辞行为的指导。修辞教学的操作系统就是这种指导的系统性的知识性概括。语文和其他学科不同，母语是可以自然习得的，在学习母语的过程中，知识并不能自动转化为能力，这是语文学科的特点。夸美纽斯早就说过："一切语文从实践去学习比用规则学习来得容易。"同时他又指出："但是规则可以帮助，并且强化从实践中得来的知识。"可见他并不是一概否定知识对学习语文的作用。笛卡儿也说："最有价值的知识是具有方法性的知识。"现代教育理论将知识分为两类，一类称概念性知识，又称描述性或叙述性知识；另一类称程序性知识，又称操作性或技能性知识。笛卡儿所说的"方法性的知识"指的就是程序性知识。当前语文教学中"学而不能致用"的现象主要是偏重于概念性知识，教学又不得法造成的。只有把修辞教学中的概念性知识变为程序性知识，转到操作指导的轨道上来，才能摆脱现在的陷于烦琐概念辨析的局面。

从操作的角度看，修辞行为可以归纳为四种方式：扩展、删减、转换、变化。

第一种是扩展。从理论上说，一个句子可以无限扩展。当然，实际上要受到短期记忆容量的限制，而扩展正是学生比较容易理解和把握的运作形式。例如这个句子：

这一天晴了，傍晌，我从海边散步回来……

扩展成：

这一天晴了，后半晌，我披着一片火红的霞光，从海边散步回来……①

第二种是删减。删减要比增添困难，而冗余语词在学生作文里是不断可以看到的。例如这个句子：

---

① 此句选自杨朔《雪浪花》。——编者注

　　<u>当然，跟坏人在一起也有成为坏人的。</u>但一个人之所以成为坏人<u>的</u><u>原因</u>，除了受到<u>坏人</u>的影响外，更重要的是<u>他自己</u>没有能把握自己，<u>不</u><u>求上进</u>，禁不住坏人的诱惑<u>才</u>成其为坏人的，<u>相反</u>，如果<u>这个人</u>能<u>把握</u><u>自己</u>，从多方面抵制坏<u>人</u>的影响，那么，他会成为坏人吗？

　　上面的语例中，画线的词语和标点符号都是可以删去的，当然也不是非全都删去不可。

　　第三种是转换。转换就是用一种语序或结构形式替换另一种语序或结构形式，或者用同义的词语替换另一些词语。例如这个句子：

短发的女郎随即回答，用教师抚慰学生那样的温和的调子……

转换成：

短发的女郎随即用教师抚慰学生那样的温和的调子回答……①

转换性练习含有较多的言语技巧，对中学生有着较高的训练价值。

　　第四种是变化。同样的内容可以有不同的表达方式，不同的表达方式常常有不同的语言风格和表达效果。

例如：命题——"人受环境影响"

1.跟着好人学好人，跟着坏人学坏人。（质朴、通俗）

2.跟着老虎学吃人，跟着巫婆学跳神。（幽默、形象）

---

① 　此句选自叶圣陶《在民间》。——编者注

3.木匠子弟早识斧锯，兵家儿郎早识刀枪。（庄重、文雅）

4.近朱者赤，近墨者黑。（简洁、含蓄）

这种变化属于语言艺术的较高层次，掌握这种技能，对中学生来说，恐非易事，但对培养他们的语感和分析、鉴赏能力，是有好处的。

张：我认为，您介绍的这四种操作样式可以容纳各种修辞格的灵活运用。它既包含超常模式，也包含常规模式；一个论点可以扩展成一篇论文，一种修辞方式可以成为统率全文的谋篇手段。因此它既适用于语句，也适用于篇章，学生可以从一粒沙里看到一个世界。

章："调整语辞"也好，"同义手段选择"也好，都是学生在话语符合规范基础之上的一种修辞行为。然而青少年言语能力的发展是一个不断变化的过程，一些言语错误消失了，另一些言语错误又会发生；在这个阶段，对于某些思想内容、某些语言样式，言语错误消失了，在另一个阶段，对于另一些思想内容、另一些语言样式，言语错误又会发生。统计和经验都证明了这一点。所以我们不必忙于有错必纠，而是应该多从积极方面进行引导，让学生能够随着言语技能水平的提高，自动地消灭自身的一部分言语错误。

我们的历程好像还不能到此结束。为了提高训练的效率，为了编出一部教程，我们还要求助于学习心理学，还要模拟语言习得的过程，那就是"模仿—类推—创造"。"模仿—类推—创造"兼顾口头和书面，既用于局部，也用于整体，数者互相结合，就会如张志公先生所说，可以产生多种多样的训练方式。

也许这只是一个目前还没有发现其缺陷的理想，也许这是一个切实可行的方案，也许这个"挺身而出"的方案会引发各种不同的构思，从而出现多种方案并存的百花齐放的局面。但是，总要有人"献身甘作万矢的"。写到这里，我想起了许多年前我写《语言和思维的训练》时写过一段话："理想总带有某种幻想的成分，实践将会把幻想带回到现实中来。即使幻想显得幼稚可笑，理想的光芒永远是值得珍惜的，它给你以希望，在困难中给你以勇气，在疲倦时给你以力量，在有所前进时教导你谦虚。虽然眼前还蒙着许多未知的迷雾，但我坚信，道路是存在的！"

张：您最后这段话说得真好！您这次以更开阔的视野谈了修辞与修辞教学问题，我获益匪浅，您的研究精神和执着品格深深感动着我。吾辈向您学习，并且要继续深入研究、实践中学生语言应用的教学内容和设计。谢谢您！

语言训练中一个有待开发的领域

张：前面您谈了关于修辞、修辞格与修辞教学的问题，其中您说"为了编出一部教程，我们还要求助于学习心理学，还要模拟语言习得的过程，那就是'模仿—类推—创造'。'模仿—类推—创造'兼顾口头和书面，既用于局部，也用于整体，数者互相结合，就会如张志公先生所说，可以产生多种多样的训练方式"。关于"模仿—类推—创造"，前面的谈话涉及这个问题，这次想请您再详细谈谈，好吗？

章：好。模仿是人们学习语言的基本方法，在儿童期尤为明显。以自己所接触到的有限的言语形式为起点，拓展到更多的言语形式，靠的常常是类推。类推含有创造因素，如果练习设计者能有意识地激发学习者的创造性，语言学习就可以成为生动活泼的、兴味盎然的事情。

言语形式是无限的，又是随机变化的。然而我们不妨借鉴棋艺、拳法的经验，在实践的基础上组成各种"套路"或者"模式"。这种"套路"或者"模式"，不管采用什么说法，指的都是包含基本技能的、具有可模仿而又能够操作的训练方式。它可以利用一些具有典型性的语例引路，诱发学生类似的言语行为，从而收到训练效果。所谓"熟读唐诗三百首，不会吟诗也会吟"谈的正是这个道理。不过传统经验的"多读多写"不大注意效率，时值 21 世纪，我认为我们能够超越古人。

"模仿—类推—创造"需要练习，而练习设计还是一个有待开发的领域。如果我们能够在实践的基础上总结出若干最基本的"套路"或"模式"，就可以收到事半功倍的效果。这种练习的综合性比较强，属于高层次的言语技能训练。

"层次"和"难度"不是同一概念，它可以在高年级进行，也可以在较低的年级进行。下面你看到的这个练习设计反映了我的设想。不过这个练习设计的难度比较大，恐怕只能在高年级进行，其用意在于培养学生使关键语句警策化的本领。《文心雕龙》里说："秀也者，篇中之独拔者也。"如同学生作文里出现排比句表明这个学生已经具有比较熟练的组句能力一样，他们的作文里出现了一两个警句，就表明这个学生在言语运用方面已经达到了比较高的水平。

下面是两组咏物诗，请你模仿这种写法，另选两件物品（例如"镜子""木偶""吊桶"……）也写两组。每组两行，两行字数可以不一样。

蜡烛　　　　　　　　　　 ＿＿＿＿＿

站得不端正的　　　　　　 ＿＿＿＿＿＿＿＿＿＿＿

必然泪多命短　　　　　　 ＿＿＿＿＿＿＿＿＿＿＿

　　锚　　　　　　　　　　　　　　　——————

即使一生不露面　　　　　　　　——————————

也会感到它的存在　　　　　　　——————————

　　张：题目很有意思。那实验的结果怎么样呢？

　　章：这是个有待开发的领域，因此有必要对实验的结果做初步分析。实验表明，原来对难度的估计偏高。学生完成练习的时间在 5 分钟左右，多的也不超过 10 分钟。当然，由于原本估计偏难，所以本次实验是在当时的北京市重点高中进行的。如果施之于普通中学，情况可能会有所不同。

　　不过实验时学生的兴致极高，而且佳作琳琅满目。他们所看到的世界是五花八门的。有的写"塑料袋"：嘴大时是空的，嘴小时是满的；有的写"鞋"：一生助你登高，却始终被你踩在脚下；有的写"糨糊"：从不显棱显角，却黏合了他人的裂痕。类似的还有"胶水"：在夹缝中消逝，实现了自己的价值。"时间"是他们心灵中含有哲理的概念，于是有人写"时钟"：世人看它冷漠地转，它冷漠地看着世人；有人写"表针"：无论走了多长时间，都回到原来的起点。写"窗"的，说"透过的是阳光，挡住的是寒风"；写"窗帘"的，说"封住了对外沟通的途径，得到的只是黑暗"。

　　在一些习作中，充分显示了年轻人的心态，例如有的学生借题发挥，说"足球"是"踢它推它它听你，踩它压它它摔你"。其他如"木偶""轮胎""风筝""空气""电扇""钢笔""草稿纸""橡皮""灯塔""猴子""蝴蝶""雨衣""砖头""鞭炮""阳光""拱桥""影子""浮萍"……不胜枚举。

　　同一物品，可以引发不同的思考，比如"铅笔"，有的说"看着短的，必然是用得久的"；有的说"心越脆弱，命也越短"。同是"月亮"，有的说"失去了太阳的抚慰，还能绽放明媚的笑靥吗"；有的说"正因为有圆有缺，才使人不感到乏味"。

张：写得真是好！从您举的例子可以看出，学生们的思路打开了。

章：下面举一组写"镜子"的，更是有意思，值得我们思考。

站得端正的，必然不怕影子歪

或许与想象中不同，但它却让你看到了真实的自我

擦得不干净的，必然掩盖真相

总是与你唱反调的，原来才最真实

即使不发一言，也向人们展示真实

它不会发光，但能照出一切发光的物体

破碎的，不能重圆

永远能看到别人的影像，却唯独找不到自己

看得到别人的外表，看不到别人的心灵

不关心自己的容颜，却在乎你的美丽

即使擦得再干净，也看不到另一边的风景

张：这个例子更加充分说明，一个好的语言练习设计可以点燃学生思维和表达的导火索，从而释放他们的智慧；也说明学生的潜质很大，有待教师去开发。

章：正确！如果语言练习设计能够激活学生的思维，语言训练就会有旺盛的生命力，就会有宽阔的舞台。

当然，习作中也暴露出学生中存在的问题，这些问题，又可以为进一步的语言训练提供思路和素材。例如，把握题意方面的问题。极少数学生没看懂题目的要求，有的没有选择一样物品，而是一个抽象概念；也有个别学生没有写成咏物诗，而是近乎谜语，例如"眼镜：圆圆的一圈又

一圈，无它模糊有它清楚"。

张：这应该属于阅读能力问题。

章：也有构思方面的问题。个别学生取譬不当或寓意不明，例如以"轮船"为喻，写成"肚子空的，必然载物多"。

张：学生也忽视了比喻的立意。

章：还有思维逻辑方面的问题。有的学生牵物就理，以致不合事理，如把"树"写成"冬天最秃，夏天最绿"；再如把"木偶"写成"牵线越多，越不灵活"。

再有就是语言运用方面的问题。学生习作中存在着词语误用现象，如有学生以为"笔直"是两个词，竟说成"没有笔直"；有的犯了同义反复的毛病，把"木偶"写成"即使再活灵活现，一生也只是傀儡一般"，如果后一句改成"也还是被人称为傀儡"就无碍了。还有属于修辞方面的问题，例如有的写蜡烛"不惜流一生泪，只为照亮一片天"，其实只需在"流"后面添一"尽"字，把单音节换成双音节，两句就对应工整了；这正反映学生炼字意识还不够，控制语句能力有所不足，也反映了目前修辞教学的薄弱环节。

张：这样的练习不仅有趣，也有用。但是对教师的要求也会随之提高。教师不仅要能发现学生的问题，也要能做出恰当的指导。根据前面您谈到的中学生语言运用暴露的问题，您对中学语言教学有什么建议？

章：第一，我们要明确指导思想。《面向 21 世纪教育振兴行动计划》提出"把说好普通话、写好规范字、提高语言文字能力，作为素质教育重要内容……更加适应社会主义经济、政治和文化建设的需要"。与此同时，也要注重"继续深化语文课的教材和教学改革，切实改变重知识轻能力的倾向，加强学生语言文字应用能力的培养、训练和考核"。这些规定切中时弊，应该成为深化语文教学改革的指导准则。

第二，要认清语文教学中的"言语实践"特征。语言学习的本质属性之一是实践性，人们只能在言语的实践中学会使用语言。正如前面提到过夸美纽斯说过："一切语文从实践去学习比用规则学习来得容易。"语文教学中的言语实践应该以社会需求作为自己的导向性目标，然而它是一种有计划的教学行为，因此又不能等同于一般的言语社会实践。语文教学里有许多形式是一般社会实践中没有的，例如命题作文，这种形式是一个人走入社会以后很少遇到的，但它是一种传统的、行之有效的训练方法。语言训练也应使用这样的方法。

第三，练习设计要讲究科学性。语言训练主要是一种模拟行为。提高训练效率的关键在于科学地分析学生的学习心理过程，使目标相对集中，减少因素过多而产生的相互干扰。只有这样，才能给学生留下较为深刻的印象，才能够使学生较快地领会操作要领。随着训练的推进，目标的综合性渐强，"模仿—类推—创造"属于综合性较强的一种训练形式。

张：语言训练需要有不同的层次，从简单的操作到以模拟为基础的迁移，进而类推，有所创造，这是符合学生发展规律进展的。

章：对啊！模仿与创造结合，学生学习时才会有乐趣，其要领在于练习设计能够激活学生的长期记忆，充分调动学生的生活体验和言语经验。在这方面，"模仿—类推—创造"有着很强的生命力！

张：这真是很透彻的见解，对语言训练的目的一语中的！谢谢您！

第五章　关于写作教学和编写教材的思考

关于中学写作教学的几点思考（上）

张：先生，这次想请您谈谈关于中学写作教学的问题。

章：这也是个大问题，一次谈不完。

认真负责的教师都有教学中的苦恼，语文教师尤甚，其中作文教学占有突出的位置。教师的苦恼，一是学生的能力并不按照教科书的内容按部就班地发展，二是写作能力的衡量没有明确的、可操作的标准，而且短期内不容易有可以观察到的提高。相当一部分学生写作水平忽起忽落，也给教师带来了困惑。

张：确实是这样，所以想听听您的想法。

章：先谈谈写作课的特点。

不同类型的课程有着不同的个性及相应的学习途径。和小学课程相比，中学课程的学科色彩逐渐浓厚；但是和大学课程相比，中学课程又有着不同程度的综合性。尽管如此，中学的不同课程都有着自己的优势倾向。

写作课不是"反映型"学科。"反映型"学科的对象是世界上某一领域中客观存在的事物，并且把这类事物直接进行逻辑切分，组成学科系统，如生物、历史。这类学科的特点在于具有很强的知识性，学习这类学科的重要方法是记忆。

写作课也不是"抽象型"学科。"抽象型"学科将世界的某一个方面抽象出来作为自己的对象，例如数学、物理，特别是物理的力学部分。这类学科中，推导是重要的思辨方法，其有着严密的逻辑架构，这种架构大体上反映了人类的认识进程。学习这类学科，学科的知识结构是基础，智力起着重要作用。这种知识结构能有效地发展学

章熊先生写作照

生的智力，而学生智力水平的高低又在很大程度上决定着学习的效果。

从本质上看，写作课应该属于"应用型"学科。"应用型"学科着眼于操作能力的培养，技能是其主要因素，例如体育、美术。这类学科通过有计划的训练来达到自己的教育目的，因此它的特点在于实践性。在这样的学科中，知识只是一种辅助性手段，它有助于专业能力和技能技巧的培养，但学了知识并不能直接形成相应的能力。所以说，课程的学习，关键在于有指导的反复实践。

当然，和体育课、美术课相比，写作课的综合性要强得多，写作者所表现的是他对人类社会今天、昨天的观察与思考，这就使技能更具有智力因素，而且操作要复杂得多。为此，我们就要更努力深入地探讨写作的过程。

张：20世纪90年代以来，我国写作学的研究有了不小的进展。请您简要介绍一下相关研究给写作带来的变化。

章：20世纪80年代初期，我国的写作学教材仍然延承旧绪，以"主题""材料""结构"等因素的分解静态描述为主。20世纪90年代以来，写作学理论界逐渐吸收了西方研究成果，出现了很大的变化，转向探讨

"主体"即写作者，"客体"即主体视野中的客观现实，"载体"即作品样式，"受体"即读者之间联系与互动的动态分析。

这种研究很自然地进入了写作心理过程的分析。写作的一般心理流程是这样的：

产生写作动机（自发的、外来的）→搜索、提取记忆库中的信息（短时记忆、长时记忆）→激活、捕捉记忆库中储存的写作模式→语言表述→回顾和完善

在这一过程中，值得注意的有以下几点：

第一，它始终处于动态的变化之中。写作要经历由模糊而清晰、由无序而有序、由整体而局部、由内部言语而外部言语的过程。这是一个变化多端、发展行进的动态过程，各种信息、符号在大脑中不断地融会、碰撞、解体又重新组合，零星而来的发现都要在此时受到检验、连缀、整合、升华，许多念头突然出现又转瞬即逝，紧接着又有许多念头蜂拥而至。这一过程要到最后完篇，有时还要经历反复修改才结束。

第二，它与写作者的记忆库紧密相连。构思是一个定向搜索过程。在这一过程中，写作者长期记忆中相关信息被激活，经过筛选、重组、编码，排列成序。写作内容与写作者记忆库的关系是不言而喻的，作品结构模式也一样。根据心理学家安德森的分析，作品结构样式，他称之为"图式"，也是经过长期积累储存于写作者记忆库中的，构思就是唤醒、挑选、调整、拼合这种记忆的过程。想想我们自身的经验正是这样。这种记忆是具体的，来源于写作者的阅读和写作实践，"图式"储存得越多，构思的过程就越顺利、越流畅。作品的体裁样式当然对构思有很大影响，但不是记叙文、说明文、议论文三大"教学文体"。后面要谈到这个问题，

而且"教学文体"模式化很容易形成"八股"。

第三，它要经历内部言语到外部言语的转化。把所思所感形之于文字，从内部言语到外部言语，心理学称之为"外化"。内部言语的形成是智力发展的基础，然而它是简约的、片段的、凌乱的。思维的速度大大超过语言表述的速度。据研究人员统计，在 1 分钟内，内部言语可以达到 450 字，口语表达的速度在 150 字左右，书面表达则仅有 20 至 30 字。当我们注意力高度集中，处于兴奋状态时，新的思想纷至沓来，使人应接不暇。在这种情况下，如果没有运用书面语言的娴熟技巧，再好的想法也会稍纵即逝，无法成文。因此，言语技能的训练就必然成为写作教学中的一个重要课题。咱俩合作的"中学生写作水平与语言技能相关性检测"课题研究也证明：中学生整体写作水平与语言技能水平呈极高度相关。

张：这三点确实需要我们注意并结合教学写作实践深化认识，它不仅是理论的，也是实践的。传统的语文学习经验是"多读多写"，并没有错，问题是现在的学生要面对十几门甚至二十几门课程，"多读多写"难以落实，尤其写作，完全靠"摸着石头过河"恐怕不现实，教师的有效指导也就显得越发重要。教师如果能够从学理上认识写作的特征，写作教学的有效指导便会更加自觉。

章：是这样的。除上述内容外，还有以下几方面需要重视。

第一个问题是要弄明白中学生的发展轨迹。

中学可以说是一个人发展、变化最快的时期。在这个时期，学生的抽象思维能力迅速发展，然而学生还处在经验抽象思维阶段，理论抽象思维只在高年级的少数学生身上才初步形成。等到高等教育阶段，他们的理论抽象思维才能比较成熟。随着他们视野的逐步扩展和思想的逐渐深化，他们写作的内容也在不断变化。这种变化因人而异，具有不同的个性，同时也有着共性。

中学生写作内容随着视野的拓展而变化，大体上遵循着这样的轨迹：开始的时候，是自己和周边生活所带来的喜怒哀乐；渐渐地，许多社会现实引起了他们的思索，这时候他们的写作题材增多了，思考也更深入了；这种思考不是一成不变的，它随着学生对历史文化的积淀和理解而不断深化。西方写作教材都从"写自己"开始，正是基于这样的认识。"个人的感悟—对社会的思考—历史文化的渗透"可以说是不同学生的共同道路。在这样的道路上，每个人前进的速度是不一样的。中学写作教学的任务之一就是仔细、巧妙地引导学生沿着这条道路加快自己的步伐。学生经常喊"没有可写的"，这反映了教师教学的不得法。在这种情况下，教师无论说多少遍"世界上并不缺少美，缺少的是发现美的眼睛"都是没有用的。

随着写作内容的日益复杂，学生所面临的写作障碍也越来越多。由"通顺"到"不通顺"再到"通顺"，这种现象是很正常的。在不同的层次上，学生会遇到不同的问题；这些问题，有的通过有针对性的训练可以缓解，有的则受到当时认识水平和技能水平的限制，一时无法解决——在一定阶段，他们可以发现自己的"失误"而无法辨识自己的"错误"。在更高的层次上，原来的问题解决了，新的问题又会萌生。无论是语言、结构还是内容都是如此。因此，在整个中学阶段，写作教学应该循环往复，逐步深入，呈螺旋式排列而不是线形排列。

第二个问题是要正确认识"教学文体"的功能。

"记叙文""说明文""议论文"的出现显然是西学东渐的结果，然而在西方的文体论中并没有这样的划分。他们只有"记叙""描写""说明"等概念，这些概念，我们称之为"表现形式"。"表现形式"进入我国，变成了"文体"，而且"双轨并行"。这固然有文化传统因素——我国传统的"语文"不是"语言加文学"，而是"文章"，所以从陈望道先生《作文法讲义》开始就以表现形式命"文"。更直接的原因是考虑中学教学的需要。这三种文体的使用范围，通常只限于学校语文教学这个特定范围。刘国正先生曾经有过解释："记叙、说明、议论，是三种主要表达方式，只是为了教学之便才称之为'文体'。"这种处理实质上是把"记叙""说明""议论"理解为各种文体的胚胎状态。按照这样的理解，三大"教学文体"与按功能分类，各种文体之间的关系可以图示如下：

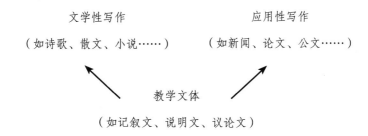

应该承认，我们过去的写作教学有许多缺陷，是否要划分"教学文体"也可以讨论，但是中学写作教学不能完全等同于社会写作实践，不能把一般写作理论平移到中学写作教学中。粗略地说，中学写作教学有以下特点：

1. 它是一种教学行为，目的是打基础，为学生的将来做准备；

2. 它通过有计划的训练来达到自己的目标；

3. 它带有虚拟成分，常常借助情境设计来诱发写作；

4. 为了提高效率，它常常要采取局部性、分解性的教学形式，例如扩写、续写、写片段、专题性语言练习等，这与社会写作实践完全不同。

毋庸置疑，新课程标准的许多理念是先进的，它解除了学生身上的某些桎梏。随着我国政治、经济形势的发展，中学生习作中出现了一些可喜的成果。然而，有些倾向值得注意。我曾利用某重点中学的一本作文选中的 156 篇作文做了一些统计分析，你看看统计结果，能发现什么问题？

记叙类	16 篇	10.26%
议论类	32 篇	20.51%
说明类	1 篇	0.64%
抒情类（随笔）	86 篇	55.13%
诗歌	18 篇	11.54%
小说	3 篇	1.92%

张：写抒情类作文的学生明显占多数，说明类作文最少。

章：优秀学生往往只长于文学性写作而短于应用性写作，这是过去、现在都没有解决的痼疾；在文学性写作中，他们又往往只长于抒情性随笔，其他形式则拙于应付。这种两极分化的现象是不容忽视的，这种现象需要我们思考。

另一种现象是：在自由写作中，他们如鱼得水；有了限制条件，则不知所措。事实上，在他们即将面临的未来社会实践中，包括写作，各种限制是无从避免的。学会在各种限制中开拓空间，我们应该培养学生这种素质。

张：适当地在考试中规定写作文体，其实是必要的，但有些老师只对限制性有意见，而忽视了如何培养学生在限制性中拓展空间的能力，以增长学生适应社会生活、面对工作挑战的本领。

章：第三个问题是语文知识问题。

对规律的逻辑概括就是知识。写作教学当然需要语文知识，然而过去的语文知识教学消耗了学生不少精力而收效甚少，从而遭到攻击，以致曾经出现否定语文知识教育的潮流。近来有些变化，然而传授什么知识、怎样传授知识的问题并没有解决。

我们目前讲授的语文知识基本定型于 19 世纪。我所查到的最早的资料是 19 世纪美国希尔的《修辞学原理》，在那本著作里，我们现在习惯的概念和阐释都已大致出现，现在看来，它已经相当陈旧了。

值得注意的是，当时科学研究方法论的特点是"分类"。从不同侧面对客观世界进行抽象概括，区分其主要特征并加以分类，这在人类认识史上是一大进步。但它仍属于静态描述，存在着一定形而上的色彩。随着认知心理学的诞生和发展，"知识"被分解成了三个层次：陈述性知识、程序性知识、策略性知识。

"陈述性知识"又称"知识""语义知识"等，是一种静态描述，它不能自动转化为能力。但概念是思维的武器，因此它是进一步学习的基础。对于这类知识的讲授一定要注意"适度"。打个比方，它只是"学步车"，我们学习它的最终目的是抛弃它自己走路。讲得过多、过细，轻重倒置，结果适得其反。过去教学的弊端正在于此。

"程序性知识"主要指操作的要领，作用在于指导学生更快地掌握技能。技能可以分为"动作技能"和"智力技能"，言语运用属于"智力技能"。这是我们今天探索的重点。

"陈述性知识—程序性知识—自动化"是掌握程序性知识的过程。以"排比"为例，"排比"的修辞学定义是陈述性知识，排比的类型、模式、操作要领是程序性知识，当学生熟练掌握以后，"蜜成花不见"，就进入了自动化阶段。

"策略性知识"包括资源的把握与策划，以及过程中的自我监控与调整，在"知识"的三个层面中，这是人们理解得最少的。有人把策略性知识也归入程序性知识范畴，认为它是程序性知识向更高层次的延伸和发展。我们常说的"布局谋篇"的整体性筹划以及写作过程中的自觉调整等方面的操作性指导，不是那些八股化的模式或抽象口号，都属于写作的策略性知识。

中学写作教学的程序性知识和策略性知识目前只存在于我们的经验之中，有待我们发掘与提炼。这种发掘与提炼，有的可以有一些参照物，如语用学、语篇学，有的只能从反省我们自身的经验入手。这是一项艰巨的工程，也是一项我们必须完成的工程。不这样做，就不能提高写作教学的效率，写作知识的教学就没有出路。

第四个问题是关于"个性"的思考。

"个性"的核心是对人性和人格的尊重，也是心理学者们仍然在孜孜不倦探究的对象。在我国历史上，儒家文化对它起过抑制作用，新中国成立后，由于各种原因，它也曾一度处于被压抑状态。今天倡导写作中的"个性"，必将带来一个新的局面。但值得我们注意的有以下几点：

首先，"个性"在一定程度上受生理和遗传等先天因素的影响，但主要是在后天的培养和社会化过程中形成的。中学生的个性形成正在发展期，尚未成熟与定型，教师应该洞悉学生呈现出来的每一点个性倾向，提倡"写出自己"，而不应强求个性化和"与众不同"。

其次，还应该看到，我国近几年来经济进展迅速，人们的思想观念等方面还没有能够与之协调，存在着一定程度的浮躁甚至混乱。在这个大背景下，对于"个性"的理解也容易产生一些偏颇，比如说强调"张扬"而贬低"平和"等。写作方面，则容易强调"独特"而忽视"朴实平稳"。我们应该注意可能出现的种种片面性。

今天就谈到这里吧，下次我想重点谈谈关于作文的"创造性"的问题。

张：很期待和您的下次谈话！您好好休息。

关于中学写作教学的几点思考（下）

章：这次继续上次的话题。上次我们说到了对"个性"的认识和思考，今天着重谈谈"创造性"。

可以说，"创造性"与"个性"的提出与倡导是新课程标准问世后的最大收获。20 世纪 70 年代末，我在北大附中开设"小论文写作"和"当代文艺讲座"，也是基于这样的动机。然而当它们已经成为教育界的强音时，我们应该冷静，注意中学生的特点，防止一种倾向掩盖另一种倾向。

有人认为，创新是当前的热门话题，作文是学生心灵的天地。那么，什么是创新作文呢？

那第一个问题是：什么是中学生的创新？

有人认为，创新就是去探求世界上还没有出现过的观念、事物。可是如果拿这个标准来要求一个中学生，恐怕除极个别的学生外，绝大多数的中学生都只能望而却步了。这是不现实的，也是不合理的。

有一位叫米勒的心理学家说："一个 20 世纪的儿童发现，在直角三角形里，勾股边的平方之和等于弦边的平方，那么，他就完成了跟毕达哥拉斯一样的创造性劳动。尽管这个发现对于文化传统来说等于零。"这段话说得非常好。如果一名中学生能够在自己的探索中发现勾股弦定理，他对我们的世界做出了什么贡献呢？没有，因为勾股定理早就被发现与证明了——"这个发现对于文化传统来说等于零"。然而，你能不为这名同学热烈鼓掌吗？对这名同学来说，这不仅是一个伟大的发现，而且预示着他辉煌的未来。

张：这名同学对勾股定理的发现不算是"创造"吗？怎么理解教学活动中学生的"创造"呢？

章："创造"可以分为"真创造"和"类创造"。具有首创意义的发现、发明是"真创造"，科学家、艺术家的活动产生新的有社会价值的成品，是"真创造"。发现、发明自己个体世界中前所未有的东西，就个人而言，这也是创造；尽管谈不上"首创"，但是他也同样经历了类似于一切伟大创造者所经历的过程，因此叫作"类创造"。在教学活动中，学生的大多数创造是"类创造"。所以我国教育界老前辈刘佛年说："只要有点新意思、新思想、新观念、新设计、新意图、新做法、新方法，就称得上创造。"

这样来看待创新，创新并不神秘，它是人人都能具有的品质。但是，它又往往和人们擦肩而过，与我们失之交臂。如果不能有意识地浇灌、培育，它就可能枯萎于萌芽状态。《伤仲永》悲剧的原因也许就在于此。

学习的本质就在于：在这个过程中，我们获得了对我们个体而言是新颖的知识和经验。中学是人的一生中发展变化最迅速的时期，是一个人充满好奇地探寻世界的时期，学习的特点又为创新意识的培养提供了肥沃的土壤。创造性学习就是指教育成为培养创造精神、激发创造力的源泉——在整个教学活动中，学生在已有的基础上，在教师的指导下，积极探索自身的未知领域，根据自己的经验、用自己的思维方式来学习。机不可失，时不再来，培养自己的创新精神，刻不容缓。

作文的创新来源于观察、分析能力和求新意识，前者是基础，后者是动力，它来源于对现实生活的思考。之前我应邀为一本初中作文选作序，它的栏目名称深深地吸引了我："青春的脚步""浓浓亲情""生活记趣""心灵呼唤""课堂内外""论坛纵横""生活见闻""我与网络""名人风采"……这些栏目的名称和一篇篇学生习作反映了一个对我来说既陌生又亲切的世界。它使我不由得感叹：这个世界的变化是多么快啊！

张：的确，社会的不断发展，使我们的世界不断更新，我们观察与思考的内容也不断地发生着变化。不仅如此，随着年龄的增长，文化水平的提高，一个人，特别是青少年，写作题材范围也在不断地开拓。

章：你说得很对。你看，许多作文题目，初一可以写，高三也可以写，甚至小学生也可以写，比如《我的家》。但是谁都可以想到，这些作文的内容会有很大的不同——即便内容范围差不多，思索的深度和具体感受也会很不一样。从中学生的习作里，我们可以清晰地看到青少年心理发展的轨迹。这种轨迹大致是：从取材范围看，一般是从个人身边现象转向社会现象；从材料来源看，是从直接经验扩展到间接经验；从所反映的思想来看，是道德评价和理想色彩的日益浓厚。然而发展的趋向虽然大致一致，步伐的快慢却可能相差甚远。这就像百米赛跑，运动员在同一起跑线上，同时起步，却不会同时到达终点。产生这些差异的原因有很多，比如说社会、家庭等，但影响最大的还是内在因素，是不断超越自我的努力。而创新，就是超越自我的催化剂。

创新就要不断超越自我，它意味着青春和活力。哪一个年轻人不为之神往呢？老年人喜欢回忆过去，年轻人喜欢瞻望未来，我喜欢杰克·伦敦的一句话："青年永远是青年。"是的，青年是人生的春天，春天是生机勃勃的，青春是充满生气的。现代的年轻人都在努力地寻求自我，都在力求展示出自己的个性，喜欢标新立异。这是非常好的，它是走上创新道路的起点。"标新立异"是好事，没有日新月异，社会永远不能进步。但是希望他们注意："新"和"异"不是"怪"，不是哗众取宠，它们是思想方法日趋成熟的结果。

根据相关心理学的研究，青少年思想方法的发展有着一定的规律性，概括地说，可以分为三个阶段。第一个阶段可以称为"二重性阶段"，即以"对"和"错"来看待每一件事；第二个阶段可以称为"多重性阶段"，这时他们开始明白世界是复杂的，分析事物要注意多角度和多因素，看待一件事可以用多种方法；第三个阶段可以称为"相对性阶段"，在这个阶段，人们懂得要考虑各种不同情况，对待具体事物和问题要做具体分析。

观察、分析能力来源于日益丰富的社会实践和成熟的思考。那么，努力使自己想得更深沉一点儿，更全面一点儿，使自己成熟得更快一点儿，不好吗？

这是一个老年人对青年人的期待。

张： 您说得太好了！一个广阔的思维空间容易激发创新思维。思维空间越广阔、越自由，创新意识就会越活跃。中学生的写作中，随笔往往写得比命题作文好，或许就是这个道理。

章： 说到命题作文，让我想起了高考作文。高考作文是热点，我们不妨就从高考作文说起吧。

近几年来，高考作文题目有些什么变化呢？主要有两点：一点是试题，规定题目也好，不规定题目也好，试题的核心是一个话题；另一点是不限制文体。既然是一个话题，就有比较大自由发挥的余地；不限制文体，就更容易适应不同学生的个性特点，容易让学生发挥各自所长。总之，近几年的题目都力求给考生以更广阔的思维空间。

题目的开放性虽然提供了广阔的空间，但是思维空间开阔又会带来一个麻烦，那就是切入点太多不好取舍。在这种情况下如何选择切入点，就要尽量发挥自己的优势。现在让我们拿 1999 年的高考作文题目作为例子。那一年的题目是《假如记忆可以移植》，这是一个比较宽泛的话题，是一个比较便于自由畅想的题目，它可以写成科幻作品，也可以写成议论文，当年绝大多数考生选择了这两种文体。可是有一位考生就善于发挥自己所长，发挥自己擅长人生感悟的特点，写得别具一格，获得满分，大家可以欣赏一下。

倾听自己的心跳

"我在世上走着，记忆是唯一的行李。"——西方谚语

一个走完自己漫漫一生的人，一个经历过无数大是大非大起大落的人，一个可以用白须华发挥起智慧的人，可能早已学会用淡漠悠远的目光看喧嚣的尘世——我们称其为老人。记忆是老人守了一生的财富，所以越老越单纯的人，他们的平静恬然都来自这笔别人无法掠夺的财富。在与暮色相伴的时候，数曾经的日子，听自己的心跳，是一种幸福。

一个初入尘世的人，一个未经风雨的人，一个用懵懂目光看一切的人——我们称其为孩子。记忆是他们即将用一生开掘的财富。在晨光中眺望未知的岁月，想象应有的心跳，亦是一种幸福。

那么，倘若一生的记忆是可以移植的呢？倘若把老人的幸福送给孩子，让他们无须经风雨就能知晓山是如何站成一种尊严，水是怎样荡成一脉智慧；让他们无须见霜雪就明了是与非、善与恶、欢乐与艰辛、美丽与苦难自成怎样一种天壤之别，那幸福还能称其为幸福吗？

山说：不，不用你自己的脚掌试一试，你不会知道什么是真正的尊严，尊严可以是跌倒跌伤后继续屹立，不自己试一试，会洞悉得如此深刻吗？水说：不，不用你自己的手试一试，你不会知道什么是真正的智慧，智慧亦可以是若拙若钝的，不亲自看一看，会理解得如此理性吗？

重要的是自己。一生的宝藏属于自己，一生的开拓属于自己，开拓的艰辛属于自己，艰辛中的美丽属于自己，只能属于自己。人从一个未知来到一个美丽的星球，再归到另一个未知，属于自己的是自己的心跳。倾听中，孩子才可能成熟，才可能知道风雨后彩虹的真正颜色。生命是

古老的，初生的记忆却很年轻；土地是古老的，每天的风却很年轻。年轻很珍贵。

倾听着自己的心跳，充实着自己的记忆，用自己的左手温暖右手，穿过西风凋碧树的季节，穿过为伊憔悴的隘口，待一生走完，待孩子的幸福转为老人的幸福，你会于蓦然回首之间发现，原来，人生是这样变完整的，人类是这样走向文明的。

试着努力倾听自己的心跳，听它如何在不同的山水中的不同声音，因为，即使人的记忆可以移植，一个完整的属于自己的人生却不能。

发挥自己的优势，就容易找到自我，就容易形成自己的个性。请记住这一点。

发挥优势首先必须具有"优势"。空间广阔只提供了条件，有了广阔的思维空间，并不意味着一定会有创新作文出现；反之，没有广阔的空间也并不一定没有创新作文出现。

我们再看一下 1989 年的试题。原题目是这样的：

你的好朋友 ×× 是某重点中学高三年级里中上水平的学生。他对历史特别感兴趣，从高一开始，就立志报考某重点大学历史系。现在毕业在即，班主任李老师动员他报考一般院校，认为这样录取的把握比较大。他父母认为学历史"出路"窄，由于他外语成绩很好，所以坚决主张他去报考外经、外贸专业，将来容易找到工作，待遇也比较优厚。

他为此感到困惑和苦恼，给你写了一封信，想听听你的意见。请给他写一封回信。

实事求是地说，这的确不是一个好的作文题——它平淡得很，平淡得像一杯白开水。像这样的题目，似乎只能就事论事，发表一通议论而已，没有多少创新的余地。可是当年却出现了这样一篇与众不同的试卷，你来看看。

×　×：

　　你好！

　　来信已经收到，详情悉知。

　　你很想听听我对你选择报考志愿问题的意见是吗？对不起，我不想正面回答。

　　最近，我听来一则寓言，觉得很有意思，讲给你，也许对你有启发。

　　从前有一头驴子，它最喜欢吃芦草，不过这芦草不太好找，只在干涸的溪沟或小河边才有。这天，它又饿了，于是出去找芦草吃。刚巧，在山坡上遇到一只山羊。

　　"干什么去呀，驴先生？"山羊问。

　　"去找芦草吃。"驴子回答。

　　"哦，你这个瞎子！"山羊奇怪道，"满山坡长的都是青草，随处吃吃就饱了，干吗非要找芦草吃！我知道你是能吃青草的。"山羊说着，顺嘴啃了几口草，边嚼边说，"其实我最爱吃榆树叶，可那得跑多远去找？还不如随地吃个饱。"

　　"可我爱吃的是芦草，不是青草。"驴子答完，径直走了。

　　不久，驴子又碰到一头公牛。公牛正在树下乘凉，见到驴子，问道："驴老弟，去干啥？"

　　驴子说："去找芦草吃。"

　　"我的老弟，"公牛慢条斯理地说，"你会拉磨，干那差事不得了！工作有了保证，就餐的问题也解决了。这么好的事打着灯笼也难找，你还干什么非要去找芦草吃呢？"说着，公牛摇摇尾巴又道，"你看我，每天耕地，吃喝不愁，多好呀！"

驴子道："牛兄说得不尽对，我喜欢吃芦草，为了吃到它，卖些力气也值得。至于拉磨，我虽会，但却没有兴趣，那么，拉起磨来大概也没有多大出息。再说，我现在还有选择余地，并非只能走拉磨一条路呀！"说罢又去找它的芦草了。

寓言讲完了，你看这头驴子多傻。不是吗，你说呢？

好了，不多说了，你自己去想吧。

×　×

×月×日

请你发表意见，你却写了一个寓言故事，真是有点儿匪夷所思！可是仔细一想，寓言故事这种形式却使作文的内涵摆脱了就事论事的束缚，产生了某种哲理的意蕴。

作文的创新既包括内容方面，也包括形式方面。韩愈说过一句很有名的话："惟陈言之务去。"写东西是给别人看的，言语表达的效果是和表达形式的新颖程度成正比的。陈词滥调，内容即使正确，在对方的心里也不容易激起什么反应，它的表达效果等于或者接近于零。因此，"惟陈言之务去"是一切写作者努力追求的境界。

张：先生所言极是！您说的创新需要发挥自身优势，您认为的"优势"有哪些呢？

章：前面说到作文要想发挥优势，就必须具备优势，这个"优势"首先指言语表达能力。倘若你连自己的意思都无法流畅地表达出来，倘若你苦于词不达意，还谈得上什么作文的创新！

立意、构思、表述，这是一个互相联系、相互作用的过程，是一个连续不断的流程。在这个流程中，语言对思维起着梳理和激活作用。有时候，当你不满足于现成而陈旧的套路，苦苦地探求一个比较新颖的切入口，探求一种比较新颖的言语形式的时候，你也许会惊讶地发现，一旦你捕捉到让你满意的构思，你的大脑就会兴奋起来，你的话语会从你的笔下直泻而出，而这些动笔之前并没有成形的语句又会反作用于你的头脑，刺激你的头脑，使你的思维更加灵活，一些新的设想、新的认识又在向你招手。不知道你有没有这样的体会？

张：我也有过这样的体会，确实是这样的。

章：这也正是创新的乐趣。

上面的两篇作文告诉我们：思维空间广阔，很好；即使是一个不太宽裕的空间，经过开拓，也能为自己找到一块相对自由的天地。下面我还要进一步说：怎样在种种限制中寻求广阔的空间。

创新并不仅仅属于作文，它存在于各个领域，事物虽然不同，但道理往往相通。同样的，限制也是人生的常态，在人一生有限的岁月里，"海阔凭鱼跃，天高任鸟飞"的机遇是很少的。作文创新的远期效应，会作用于其他方面，作用于人的整体。

限制，训练思维的途径，磨砺思想的手段。年轻人似乎都不太喜欢受到限制，但它又是接受教育过程中必修的一课。

限制，类似于闻一多说的"戴着镣铐跳舞"。君不见，我国古典诗词有着严格的格律，真好像给诗人戴上了手铐脚镣，但又有多少不朽篇章留传后世！

现在，让我们再拿1990年的高考作文试题作为例子，进行一些分析。

那年的题目取材于德国一位作家写的寓言式散文。作文的题目是这样的：

一对孪生小姑娘走进玫瑰园，不多久，其中一个小姑娘 A 跑来对母亲说：

"妈妈，这里是个坏地方！"

"为什么呢，我的孩子？"

"因为这里的每朵花下面都有刺。"

不一会儿，另一个小姑娘 B 跑来对母亲说：

"妈妈，这里是个好地方！"

"为什么呢，我的孩子？"

"因为这里的每丛刺上面都有花。"

听了两个孩子的话，望着那个被刺破指头的孩子，母亲陷入了沉思。

请就第一个小姑娘的说法，联系实际，自选角度，写篇议论文。

作文只是这则材料下的一问。说实在的，这个题目的限制性还不算是非常大的，可它毕竟还是有一定限制的。

首先，议论的对象是"玫瑰园"。人的感觉、记忆是一个相对稳定的网络系统，当我们听到、读到"熊猫"这个语词时，头脑中就会浮现那可爱动物的形象。同样的，"玫瑰""玫瑰园"也会引起我们类似的联想。玫瑰开花的时候，玫瑰园洋溢着香气。我们的构思必须以这种联想所产生的社会共识为基础，这就形成了限制。比如说，把玫瑰比喻成"扮成美女的魔鬼"固然新颖、奇特，但那是万万不行的。

其次，我们议论的是"说法"而不是行为本身。小姑娘摘花，违背了花园里的行为准则，这不在我们议论范围之内。

再次，我们围绕"说法"展开的议论仅限于"第一个小姑娘"，这又使我们议论的天地缩小了一半。

最后，题目要求我们"联系实际"，它提示我们，必须从这里寻求切入口。

"花"与"刺"的关系启发着我们。于是，当年多数考生谈的是思想方法的问题——要全面地看问题，不能以偏概全，分析问题要看主流，等等。一部分善于思考的同学当然不满足于泛泛而谈，于是纷纷寻找不同的突破口。有的引申到社会生活，谈文化继承、谈民主与法制。有的加以抽象化，谈人生的态度，例如理想与挫折；谈人格的体现，例如锋芒与傲骨；谈人生的经验，例如忠言逆耳……这都是很好的切入口，使他们的议论超过了一般水平。

有一位考生选择了人才问题。在上述超越一般水平的同学中虽然还算不上别具创见，但这位同学却把自己的构思归纳成一个貌似不合理的数学不等式，给自己的作文披上了一件醒目的外衣，这就使得它在一般试卷中显得十分突出：

$$0+0>7+(-3)吗？$$

一个美丽的玫瑰园，小姑娘偏要说是个坏地方，这奇怪吗？不奇怪，因为她只看见了花下的刺。

现实生活中也不乏这样的人。明明是个人才，可在有些人眼里，因为有一点儿缺点，他们就毫不犹豫地一下把人才打入"地狱"。奇怪吗？不奇怪，因为他们只看到了人才的缺点。

春秋时期，有一位了不起的人才叫管仲。他的优点，不妨算作"7"，他的缺点也是有的，不妨算作"-3"。鲍叔牙正是看中了管仲的"4"，让他在齐国争霸的大业中一显身手，才使得齐国得以九合诸侯，雄极一时。

正是鲍叔牙由于懂得任用人才的道理，才得以成功。

当代的中国，正处在改革开放的时代，需要大量的人才。但在人才的任用问题上，还存在一些弊病。一些有本领的人，因为这样那样的缺点而往往不能被重用；而一些既无长处也无缺点的人，却得以高升。像管仲这样的奇才，放到今天，也不一定会被重用，用公式表示就是：0+0＞7+（-3）

所以，我们要革除用人问题上的弊病，要打破人才观的偏见，要能让更多的人才为社会主义建设服务。

有些人才不能得到重用的原因，往往在于某些人思想的片面性（其实是思想僵化，甚至掺杂着一己私利）。这些人一面被鱼馋得口水直往下滴，一面又把头摇得像拨浪鼓："被刺卡住，可不是闹着玩的！"于是情愿把鲜美无比的"鱼"扔掉，而去喝那索然无味的"白开水"。

我们应该知道，"鱼"不仅鲜美，而且营养丰富；如果只有"白开水"渗透到"血管"里，人是要得"贫血病"的。长此以往，一个企业，一个单位，将会萎靡不振；此风不除，一个国家就会毫无生气！

朋友们，为了我们国家的兴旺，广开贤路，用好人才，我们应当学鲍叔牙公式：7+（-3）＞0+0！

创新是一种经历，是一个过程。你不断地创新，逐渐地，你就会从限制中找到自由。这时，你的每一篇作文都将是创新作文。

张：您用这三篇作文为例阐释关于作文创新的问题，很有说服力！您前面分两次谈了您对中学作文教学的观点和意见，我以为具有理论性，也是基于实践的。我们要好好学习，仔细琢磨。关于作文教学，请您做一个展望。

章：把写作学研究成果与中学生实际结合，在我国文化传统的基础上开辟一条属于我们自己的道路，这当然是一个漫长的过程。我不由得想起了我在《语文教学沉思录》里说过的话：

我们在进行一系列的思考时，首先要区分多数和少数——多数教师和少数教师，多数学生和少数学生。

我们的目标是兼顾多数和少数——使多数能有所凭借，使少数能不受束缚地、能动地得到发展；因为无论是多数还是少数，都关系到我国青少年语文素质的培养。

这无疑使本来就很复杂的问题显得更为复杂化，然而我们又只能据此来整理自己的思路。

编写语文教材的经历和思考

张：先生参与过人民教育出版社多个版本的初中、高中教材编写工作，您对语文教材编写有什么想法和观点？对编写语文教材有什么建议？请您谈谈。

章：先从我使用过的教材说起吧。

我的教材观与我的经历有很大关系。我中学上的都是所谓的"名牌"学校。

"名牌"到什么程度？在香港岭英中学，和我同班的有蔡元培的儿子、"球王"李惠堂的儿子等；在上海市南洋模范中学，同班或同级的有清末状元实业家张謇的孙子，有民主革命家、思想家章太炎的侄孙子，有著名学者、书法家顾廷龙的儿子，有当时驰名品牌"乐口福麦乳精"老板的儿子，有当年大型玻璃制造企业"耀华玻璃厂"老板的儿子。顺便说一句，不要以为"富家子弟"就没有出息，"乐口福麦乳精"老板的儿子后来成了一名院士；"耀华玻璃厂"老板的儿子成了一名地下党员，最后为"两弹一星"而献身。同为校友的还有白先勇，陈毅的儿子陈昊苏、陈小鲁，杜月笙的儿子，宋子文的侄子，等等。

那么，成绩又如何呢？我在上海市南洋模范中学时，同年级的男生班里出了好几名院士，其中还有"双料院士"，获邓小平接见。我们班永远考第一名的，叫杨昌琪，很年轻就当了中国科学院电工研究所所长、国家"等离子体科技联络组"副组长，可惜英年早逝，否则可能也会成为院士。总之，我的母校人才辈出，我就不一一赘述了。

说以上这些，是希望引起大家对我使用过的教材的关注。

记得我上学时所用的课本有《三S平面几何学》《范氏大代数》《特夫物理学》等。其中《特夫物理学》是美国高校著名教材，而《三S平面几何学》《范氏大代数》则是世界性经典课本，当时是我国不约而同风行各地的课本。《范氏大代数》在新中国成立后由其他出版社重新出版，不过已经是高年级大学生和研究生自学、讨论的资料了。

以上谈的都是理科教材，我们要看到文科教材的复杂性。

首先，理科教材容易取得共识，文科教材则由于教学理念不同而容易产生选用的随意性。例如，语文读本当时流行的有《开明文言读本》和《古文观止》，差别很大，我都涉猎过。甚至有一学期我读的是《孟子》，可惜只读了三分之一。至于英语，我们高一读的是《林肯传》；高二读的是《塞缪尔·约翰逊传》，一个英国文学史上的重要人物；高三读的是《汤姆的故事》。《塞缪尔·约翰逊传》非常艰深，生词满篇，《汤姆的故事》却很浅，不用教就能看懂。所以文科教材或读本的选择由课任老师决定完全自由化，也不行。

其次，还要看到语文学习环境有了很大的变化。当年我报考大学时，全国考生大约有4万人，而且能报考的大多是家庭文化氛围比较好的，他们语文学习的环境好。

那时候，文笔通畅，尤其是如果能写一手好毛笔字，就容易找到饭碗；倘若英语好，则容易找到"洋饭碗"，这是重要的学习动力。再者，那时候没有电视、电脑，现在学生生活的空间大大扩充了，用于学习，特别是语文学习的时间却大大缩减了。这是社会正常、合理的发展，而"效率就是生命"这句话对语文教材编写来说也就越发显得有意义了。

关于以上谈到的这些教材和读本，尤其是理科教材，值得注意的有三点。

第一，有的教材是以作者名来署名的。《三S平面几何学》的原作者是三个人，这三个人的名字都以"S"打头，由此而得名。《范式大代数》也是依作者名得名。

新中国成立之前，我们也有这种现象，如《金品几何》；现在体制变了，教材不再由个人署名。但相比之下，应该说过去那种个人负全部责任，有全部自主权的做法更容易彰显个人特色。

第二，这些教材得到学术界高层的重视和参与。特别值得一提的是《范式大代数》的作者，他是美国著名高等学府普林斯顿大学的教授，"美国数学学会"主席，现在普林斯顿大学里仍有以他命名的建筑物。

这种现象我国古代也有，比如说姚鼐的《古文辞类纂》。不过现代语文教材不能再采取这种形式了。

第三，这些教材是自然浮出的，没有喧嚣、静静地靠自身力量浮出，得到公认。过去的《昭明文选》《古文观止》《唐诗三百首》《三字经》等不也都是这样吗？

我在一本书里曾经说过这样一段话：

当然，不是每个人都能"不同凡响"的，正如不是每棵树苗都能长成参天大树一样。不同的树木有着不同的生态特征和功能，是自然界生物链的一环。树苗的生长依赖自身生命的驱动，也需要适宜的环境。环境适宜了，树木就会成为森林，就会形成气候。这时，就会有不少参天大树直指天空。

有了好的环境不一定能成才，但是人才成批涌现必须有好的环境，教育系统也是一样。

张：一个时代有一个时代的特征和需求，从过去的精英教育到当今的大众教育，各方面都发生了很多变化。虽然如此，教材质量对教育质量还是具有很大影响的，大众教育依然需要优质的教材。

章：有好教材的同时，也要有好教师和好的使用策略。讲个故事。我在北大附中当副校长时曾有过一个"创举"：在一段时间内，对高中语文教师进行分工——有专教古文的，有专教现代文的，有专教写作的。这样做，一是便于进行探索，总结经验；二是能发挥所长。我也主张发挥个性，不要依赖集体备课。我还有句名言："你上课，可以卖烤鸭，也可以卖臭豆腐。不过卖烤鸭就得是全聚德烤鸭——鸭皮比别家的脆；卖臭豆腐就得是王致和臭豆腐——比别家的臭。"原计划试行三年，结果不到三年我就离开北大附中了。

我当时试行分工教学还有一个目的，那就是让学生多接触一些不同的老师。当时一般学校的通用办法是一位语文教师陪学生走三年，理由是教师可以更了解学生，而且到学生毕业，老师间不能互相推诿。当时这样做是有道理的，不过我觉得高中学生已经有了一定的鉴别能力和筛选能力，能够像海绵一样从不同老师身上汲取不同营养，多接触不同老师有好处。

张：我非常赞同您的这种思考和设计，充分发挥教师各自的特长会促进语文教学质量的提升，也会使学生具有新鲜感，容易集中注意力。真希望有条件的学校尝试一下。

章：但愿有人把我想做但没做成的事继续尝试，看看效果。

再返回来说与编写教材有关的事情。我曾任多届全国中小学教材审定委员会语文教材审查委员。当时委员中一线教师不少，如钱梦龙、徐振维、欧阳代娜；不是一线的，如顾黄初和我，也曾从事教学多年。

关于教材编写，下面说的都是书生之见，仅供参考。

首先，营造学术氛围，物色人才，组织队伍。志愿者就是同声相求，在这早春里可以说是得风气之先。那么，怎样组织这支队伍呢？能不能再向前走一步呢？

第一，要建立新的行为准则。新的行为准则应该包括两个要点。一是适应多元化社会的特点——取得共识，则共同克服困难；意见不同了，则友好分开；意见又大体趋于一致了，还可以再加入进来。二是发扬"民主协商、少数服从多数"的原则。

第二，要有精神黏合剂。组织一个团队，没有精神黏合剂不行。以前在高考命题组时，我提出一个口号叫"横挑鼻子竖挑眼，肝胆相照"。现在情况不同了，不需要"横挑鼻子竖挑眼"了，我建议换成"坦诚相见，资源共享"。所谓"资源共享"不是一句空话，充分利用互联网来交流自己的思想，比如在自己的教学中选比较满意的练习设计和学生习作来交流。大家散居四面八方，聚合一次不容易，利用互联网交流思想就很方便了。这种交流方式可以集思广益，事先充分酝酿；可以积累大量资料，并且物色人才。资源是"共享"的，贡献者无私，任凭别人选用；选用者则要注意尊重知识产权，凡不是自己的资料都要注明来源。

物色人才是有长远意义的。活跃的学术界总是众多学派并立，成功的出版社总有出色的编外队伍，可以增强力量。

其次，要考虑新的情况、新的对策。20世纪80年代我为人民教育出版社编写阅读教材的例子给大家参考。

当时人民教育出版社找到我，我提出两个条件：一是由我点将，二是由我指挥。实际上我的指挥权还是有限的：课文由出版社决定，单元按文体组合，格局已经定下来了，我的任务只是把选文变成教材。

"点将"的情况是，我找了顾德希、张建华，后几册因为编写工作太累，又邀请了张必琨，让他负责古文单元。出版社派了编辑协同，也给了编辑一些任务，但大局由我设定。

成效如何呢？我和张建华住在人民教育出版社的地下室，加上顾德希，几个人奋战了16天，第一册教材就编成了，而且有不少新意。顾德希告诉我，那时出版社里有一些议论。一是惊讶——怎么会这么快？二是怀疑——看这几个人还能变出什么花样。结果是一连六册，创意不断，花样翻新，江郎并没有才尽，不辱使命。

张：这套阅读教材我读过，确实有很多新意，课后练习不乏精彩设计，全套书的"知识短文"令人耳目一新，既有理论性，也有操作性，行文活泼，很有指导意义，一直影响着我。

章：那些"知识短文"基本出自我手，其中总结了很多教师的经验，当然也有我自己研究成果。

总结一下阅读教材比较成功的原因：

一是我们几个人有一个共同的理念——要指导学生操作，让他们在实践中掌握能力，因此张寿康称顾德希、张建华和我为"练"派，也有人称"三剑客"。张必琨后来加入，合作得也很好。我把自己的体会写成了一篇文章，题目叫作《语文练习设计杂谈》，在《光明日报》发表，占据了半个版面。

二是打破了当时的教材结构和习惯的人员组织方式。那时候出版社的习惯做法是：选定课文组成单元以后，按单元内容分别聘请社外人员负责。我打破了这种格局，把课文分成"精读"和"略读"两个部分，添加了"单元练习"作为连接两个部分的纽带，组成了一个"同心圆"——最外一层是"略读"，由张建华负责；中间一层是"精读"，由顾德希负责，后来张必琨也来帮忙；最里面一层是"单元练习"，由我总其成。这样一来，一册之内以及几册之间都贯通无碍，共同定稿，相互启发，每个人的思路也随之活跃、深化。整套教材既是一个统一的整体，又可以保持自己的特色。

后来编写作教材时，条件已经发生了很大的变化。有相同的方面，那就是参与人员有着一致或者接近的理念，但默契程度肯定不如我们几个。因为志愿者来自各处，平时也没有什么沟通，聚会亦非常困难，基本只能各自为战。

那么，回到原来的轨道上好不好呢？不好。

集合维艰，统一更难。在这种情况下，要想形成统一的教材，就要制订僵硬的模块，而且限定语言风格，也就是干巴巴的所谓"教材语言"，参与者都要削足适履。一般说来，自己不会写是无法指导别人写作的，所以物色人选时的条件之一是该人文笔不错。如果强行按照统一模式，用枯燥无味的"教材语言"，则灵光尽泯。

张：那么，该怎么办呢？

章：既然不想强行统一，不如索性放开。"放开"不是"随意"，是限制性与灵活性的有机结合。为此，就要思考并回答以下几个问题。

第一个问题，写作教材有什么特点？这是同声相求的基础。我现在想到的有以下几点：

1. 它不尚抽象的道理而着眼于指导学生操作。这种指导有针对性，源于学生写作中的"常见病"与"多发病"，所以管用。它不求系统，不求全面，事实上我们今天即使想追求系统和全面也不可得，因为它的名字叫"程序性知识"。不过即使有所残缺也不要紧，因为它倡导的是一个方向。

2. 它有适合中学生年龄特征、灵活多样的练习设计。这正是编写队伍优势之所在。练习设计的灵活多样表现为：其一，有大有小——大到整篇，小到语段；其二，可以是单项，也可以是系列组合；其三，既可以出现在正文里，也可以出现在习题里；最后，有难有易，便于课任老师根据学生水平撷取。

3. 不管风风雨雨，坚持语言训练。这是我心血之所聚，别人接手可能有点困难。我喜欢自己着手拟定纲要，物色恰当人选完成。即使愿望没有实现，这样一个材料也自有其独立价值。

第二个问题，怎样寻求一种既有连续性又可以相对独立的结构样式？

这是让志愿者发挥潜能的前提条件。要想探求这样一种框架，首先要突破旧的习惯模式。事实上，写作教材的结构样式可以是多种多样的，《语言和思维的训练》以及《提高写作技能》的目录可供大家参考。

新的结构样式可以以写作专题为单位。各专题之间可以是前后顾盼的。比如说刚入学不妨用"让思维的翅膀飞起来"打头，让孩子们感到新鲜，勾起兴趣；到了最后一年，又可以提出"学会在限制中开拓空间"，让孩子们的思维能力上升到新的层次。再比如说，高一的时候让学生"捕捉'动情点'"，到了高二就可以让学生试试能不能"截取'横断面'"，等等。

它们也可以是彼此相连的。比如说，由"类比和对比"到"类比说理和借物喻理"是顺理成章。专题之间彼此相连的方法也是多种多样的，比如说由"空间描写"到"绘画评介"，前者只是为后者做个铺垫，前者的技巧可以用于后者的一个组成部分，等等。

　　我要郑重声明，以上只是举例而不是建议，志愿者们完全可以不拘一格，解放思想，找出更新颖的样式。

　　张：您的建议很有指导意义。

　　章：这样一种组合有点儿像珍珠项链，结合成串时熠熠生辉，分散时颗颗晶莹温润。你们也许会笑我，说："你这是幻想！"不过人是应该有权利幻想的，而且"取法乎上，仅得其中"总比"取法乎中，斯为下矣"强。

　　灵活性大，则切割宜粗疏一些，否则不容易组合。我倾向于只分"初级""中级""高级"三册。这样做，也为任课老师的"重构"留有余地。

　　第三个问题，怎样充分发挥志愿者的潜能？

　　要发挥潜能，首先是要有潜能可供挖掘，因此物色人才是成功的关键。我初当副校长的时候，顾德希跟我说："当校长的领导艺术在于发现人才。发现了人才，放手让他们干，有问题自己担着，满天乌云就散了。"当校长是这样，编教材也是这样。

　　参与教材编写的既然是志愿者，当然大家有着大致一致的教学理念。经过讨论，拟定了大的框架，思想会更加趋于一致。这时，就可以充分让他们显示自己的个性，有个性，编写出的教材才会显示魅力。就像婚姻家庭一样，相互磨合又各自保持个性，这才是最高境界。这是玩笑，也是真理。

　　志愿者是自发的，人才是筛选的，二者不是一回事。那怎么办呢？

　　可以考虑把参与者划分为两个层次。

　　第一个层次是"参与编写人员"。哪怕我们只采纳了这位教师的一个建议或一个练习设计，都可以列入名单。"参与编写人员"的名单可以列在教材的前面，以保护志愿者的积极性。

　　第二个层次是"执笔者"。这样的人不必多，视情况而定，五六个即可。确定人选后就可以"放手让他们干"——执笔者署名，有比较大的自主权，可以更充分地显示个性。

显示个性是激活思维、发挥潜能的必要条件，然而这毕竟是一本统一的教材，差异不宜过大。为了兼顾二者，可以考虑以下几点：

1. 充分讨论后，各专题有大致一致的格局，正文的篇幅也有大致规定，例文和练习设计不在此限。

2. 在此基础上，执笔者可以放开手脚，就像自己在课堂上讲课一样，行文充分显示自己的风格。

3. 交稿时，篇幅要超过规定的四分之一到三分之一，以备主编对前后重复部分、不够精彩部分进行筛选和调整。

中学老师有着自己的强项与弱项——实践经验丰富，是其强项；理论修养或有疏漏，是其弱项。上述规定可以扬长避短，第 3 条建议也为主编弥补疏漏留有了余地。

如是这般，则这份教材就会有与众不同的面貌。

张：您的这些设计真是具体啊！其实不仅是教材编写组织队伍、统一思想、计划安排如此，所有的工作莫不如是。这跟您做过行政工作不无关系啊！

章：多少有一些关系吧。上面所说的这些设想有些可能超出了常规。据我所知，除了童话和寓言，如果有一个人想抓住自己的头发离开地球，人们大概会把他看成疯子，然而人类又发明了载人火箭。现实与理想的矛盾滋润了诗人，也制造了苦恼。说到这儿，我不由得想起和一位老同学的对话。他是我在国立中央大学读书时同寝室的同学，叫王赓武，曾任香港大学校长，获邓小平的接见。我问他："你当香港大学校长的时候，工作起来难不难？"

"不难，也难。"

"怎么讲？"

"学校有一整套规章制度和程序，如果照章办事，一点儿也不难。可是如果你想对现状做一点儿改变，那难极了！"

我不由得又想起 20 世纪 50 年代"汉语、文学分科教学"的实验。

当时主其事的就是叶圣陶先生，汉语组的组长是吕叔湘先生，张志公先生参与其中。也正是在这个时候，他们创建了影响至今的教学语法；文学组领头的是吴伯箫先生、张毕来先生。当时人才济济，真是一时之选！

盲目学习苏联，脱离本国土壤，失败是必然的。然而重视教育，集全国之精英，狮子搏兔，全力以赴，又是值得怀念的。

这里再介绍一件不为外人知的事情。叶圣陶先生告诉我，教材编成后，送审的除了教材，还有教学参考书。按照老习惯，当时的教学参考书只罗列教学要点，薄薄的一本，结果胡乔木认为参考书应该比教材厚，给驳回了。于是组织力量重新编写，比如其中关于杜甫的介绍就是我的老师冯钟芸先生执笔的。结果呢，这套教材连同参考书在知识层面上影响了整整一代语文老师。

我的书稿《和高中老师谈写作教学》交付人民教育出版社后，苏立康老师有征集志愿者编写写作教材的设想。上面这些话我跟她都说过，那是我用来阐述自己对教材编写的憧憬。这又是一个理想化的产物，不过是否能够实现，还需探索。

张：没有理想哪里有奋斗啊！有的理想一时不能实现不一定是错的。您这么多年坚持研究语文教学，从学生认知规律和教学实际出发，既有宏观的理性阐述，也有中观到微观的操作性设计，我认为，终有一天更多的人会认识到其中的价值，对此我充满信心。

第六章　我和语文高考

主持高考工作的收获

张：先生，我知道您是1984年进入高考命题组的，还主持过命题工作，一直到2002年因为年龄原因不再直接参加有关工作。20年左右的高考命题经历，从自身来说，您的收获是什么？

章：我主持语文高考，确实有很大收获。什么收获呢？让我真正懂得了科研。如何进行科学研究，以前是凭感觉。参与高考工作后懂得了许多东西。当年教育部考试中心交给我一个课题，叫作"大规模考试作文评分误差控制"，当时这是个世界性的难题。我知道我没这么大本事，但考试中心的科研处处长到我家来了三遍，再加上我的个性就是喜欢挑战，就接下来了。

后来一查阅资料，才知道问题的严重性。给你举一个例子，美国有一个世界性权威的测试机构，叫ETS（Educational Testing Service），全称是美国教育考试服务中心，像托福考试就是由他们组织的。他们对作文评分的误差进行过两次测试，这两次测试让我震惊！第一次测试，挑了一批作文，让有过训练的阅卷员来评卷。评分标准分为九个等级，评出的结果让人大吃一惊，因为评分员各有各的看法。一般的作文分散在四至五个等级，有的作文甚至囊括了九个等级。这是受过训练的专业阅卷员对作文评分的情况啊！他们又做了一次测试，找同一篇作文，让不同阅卷员来阅。阅完了，隔了16天，让同一批阅卷员再来评分，结果竟然完全不一样！就是自己评的，过了 16 天也已经淡忘了，再拿出来评，成绩就不一样了。有的原来认为是合格的，甚至优秀的作文，到第二次评的时候可能会认为是不合格的。这是一个难题。还有一个难题就是怎么评分。两大学派对立，一个学派认为应该整体评分，另一个学派认为应该分解评分，各执一端，相持不下。

张： 作文评分确实是一个难题。阅卷者水平姑且不论，各自的主观偏好自然会伴随评分过程，有的喜欢辞藻丰富的，有的喜欢语言简洁的，不一而足。您是怎么做的？

章： 我当时就跟考试中心科研处说，我没有能力去解决这么大的难题，我只能探索一下在我们国家阅卷条件下，用什么办法比较合适。我先在江西组织了一个调查组，调查了三年。调查结果是什么呢？我们的评分误差在 40% 左右，这是平均数。后来我又在广东组织了一个调查，结果也差不多，误差幅度也是很大的，大概是 42%。

张： 这样的误差真是不得了。

章： 在广东的调查里有一个很典型的例子：我在一个班里做实验，按座位分两排，一排学生写议论文，一排学生写记叙文。议论文的题目是《环境与人》，记叙文的题目是《告诉你一个好消息》。结果在记叙文部分出现这样一篇作文——有一个学生的写作方式很特别，"告诉你一个好消息"中的"你"不是活着的人，而是他过世了的姐姐。"告诉你一个好消息"是告慰死者在天之灵。评阅这篇作文的两个老师都是所谓有经验的老教师，俩人都拍了桌子。一个人拍桌子说："立意新颖，非比寻常。好！"另外一个人拍桌子说："胡闹！活人怎么能跟死人说话？"这次作文的满分是 30 分，评分结果是一个评了 29 分，一个评了 0 分。这两个成绩的差距可以说是无穷大。作文评分的问题可见一斑。

那么是分解评分好，还是综合评分好，调查结果也很有意思。同样一百篇作文，让一个组用整体评分，让另一个组用分解评分，也就是分项评分。评完按照分数的高低排序，计算它的相关系数。计算的结果出乎意料，两种办法评分的结果相关系数非常高，达到 0.8854504，接近于 0.9！可见有些争论，你如果只是听道理，会各不相让，但实际结果差别没那么大。整体评分，它从整体印象出发，如果认真负责的话，也要仔细辨别，分析这篇作文的各个方面；分解评分，也得整篇作文看一遍，有个整体印象，然后一条一条根据要求得出结论。我说的是认真负责的阅卷评分，还有很多不负责任的，那就不好说了。所以有的事你听理论争论，似乎很激烈，但经过实际的调查分析，跟你原来想的是不一样的。

我再讲一件事。当时某省作文评分误差很大，成为社会热点问题。他们就来找我，希望我来解决这个问题。我根据实际情况提出意见：第一，把评阅作文的速度降下来。据说当时有人一天评 300 篇作文！你想想看，大热天不喝水，不上厕所，玩儿命地连续干，一天 300 篇作文，一篇作文才用多少时间呢？我的建议是一天只评 90 篇作文，可是阅卷人员的待遇不能降低。因为什么呢？阅卷费有限，速度一降下来，就要多找人来阅卷，阅卷人员待遇必然下降。我说要拨专款，不能让阅卷人员收入减少。他们觉得行，就拨了专款，增加了阅卷的人数，而阅卷人员的待遇不降低，这个问题就解决了。第二，要使用电脑。那时候电脑还不普及，就借用高校的电脑机房。这也没问题，当时领导为此一路"开绿灯"，几个高校的电脑机房通通开放，我得以掌握每天的情况。虽然这样我也不能保证评分绝对准确，但是阅卷的状况大为好转，于是我就"得胜回朝"。可是第二年再问这个省管作文阅卷的负责人情况怎么样，他苦笑了一下："一切恢复原状。"

张：领导出马解决问题只是权宜之计，要想从根本解决问题，还要从制度、标准、方法、技术、监控等方面去统筹、设计与实施。

章：你这话说得有道理。再举个例子。

河南省曾有一位管考试阅卷的老师做了个实验。先请阅卷核心组教师评出 10 份样本卷，然后把分数去掉，再发给阅卷教师评阅，看看阅卷教师怎么给分，然后以这 10 份样本卷为标杆评阅，使评分标准有了一定的统一。有一个系数叫作"肯德尔和谐系数"，当时河南省肯德尔和谐系数只有 0.4，经过这个测试之后，肯德尔和谐系数一下子升到了 0.8。那位老师是个有心人，他把评分标准掌握比较好的与评分误差大的教师组合起来阅卷，结果出现了一个很有意思的情况：中学老师评分比高校的好，这在意料之中；可是老教师不如年轻教师，职称高的教师不如职称低的教师，这可是大大出乎我的意料的。怎么办呢？我就找人用世界公用的、经过辽宁省教科所修订过的卡特尔十六人格因素测试，对这两部分人进行测试，测试结果也出乎我的意料。我原来想年龄大嘛，天气热嘛，耐久力可能要差一些，结果不是这样。差别在于什么呢？想象力！这可以解释——年轻教师，年龄接近学生，比较了解学生。更重要的是，一个好的作文评分者，普通中学的教师也好，高校教师也好，他不能够自以为是，有思维定式，而是要根据学生的思路来判断作文成功的地方和失败的地方，这是每个语文老师都应该有的本事。问题在于，所谓年龄大、经验多的老师，往往就形成了思维定式，认为这篇作文就应该这么写，不这么写，那就不行。这件事情出乎我的预料，但也开拓了我的眼界。

张：这件事听上去确实有点出乎意料。但仔细想想，在阅卷这件事上确实是这样。我每年都在阅卷现场，这类现象似乎不是个例。问题发现了，怎么办呢？您当时采取了什么举措呢？

章：前面我说过有两大派争论，分解评分还是综合评分，我实验的结果其实没有很大差别，相关系数达到 0.8854504。问题是在我们国家阅卷的状态下，采取哪种方法更适应我们的国情。这个决定不是凭空来的，是几十万个数据统计出来的。我们当年在河北省做了个实验，一半卷子采用分解评分，一半卷子用综合评分，连续观察了 10 天，看其中的变化。好多数据啊，几十万个数据，统计结果出现了这样的情况：综合评分一开始拉开分数距离的能力比较强，但它不稳定，成一条直线往下滑。分解评分呢？相对稳定，一开始拉开分数距离的能力不如综合评分，但始终比较稳，10 天下来几乎是一条平行直线。有了这样的发现后，我利用北京市 300 份试卷又做了一次实验。先隐去得分，然后请北京一所重点中学的 4 名老师再来打一次分，取平均值，然后我统计两次评分的相关系数。相关系数在 0.6 左右，是中等程度相关。但像曾经出现过的市重点不如区重点，区重点不如一般学校的这种倒挂现象没有了，基本上属于正挂现象。

章熊先生在香港做相关测试研究及学术交流留影

这几十万个数据的统计，在国外是很少见的，他们没有咱们这么多考生。所以在一次国际会议上，我介绍了我们国家控制评分误差的办法，并将很多数据做成图像投影出来。当我说到根据河北省几十万个数据统计结果出现的两种评分方法的不同状况时，全场观众十分关注。我讲完下台后，好几个日本学者过来跟我说话。那日本人的英语听不懂，但是他的态度还是很明显的，点头表示感谢。

这项研究基本解决了分数倒挂问题，但是评分误差很难完全排除，我只能做到这一步了。

优异教师要勇于超越自己

张： 在 20 世纪 90 年代前期，能够使作文评分呈现正挂，确定分项评分策略，您的贡献非常大啊！先生，您从一名中学语文教师，成为高考语文命题专家、语文教育家，请您就高考与教学，乃至高考命题，跟我们说点儿什么吧。

章： 你也当过中学语文老师，参加过语文高考命题，有些情况你也有体会。不过，我还是要说点儿想法。

优异教师要超越自己，命题要走上科研的轨道。拿破仑说过，一支舰队的速度是由那艘最古老、陈旧的军舰决定的。研究社会问题，这是一条重要的思路，但是进行战略思维，或者进行战术设计，我们的目光就要着眼于设备最先进、速度最快的"军舰"上面。同样的，当我们探求中学语文教学改革道路的时候，就要把视线聚焦在优异教师身上。

优异教师要能够承担"龙头"的角色，就必须能够超越自己。在这里，我想谈一件让我印象深刻的亲身经历。

一次，我去看望张志公先生，不无得意地带着几份学生的作文给他看。他看了一会儿，笑了，说："不错，写得很好，像你。可见你是个优秀的老师。"

不过，他接着又说："可你还不是一个优异的老师。一位优秀的语文教师，他的学生的作文会像他；但是一位优异的语文教师，他的学生的作文会不像他。"

张志公先生这句话给了我深刻的启迪，后来我把这次经历写进了我的《语文教学沉思录》里。

优异的语文教师要超越自己，根据我现在的理解，包含两个方面：

第一，能够注意到学生面向未来时的社会需要，首先是高校不同专业的需要。优异的语文教师往往是学文科的，而且有比较好的造诣。这是其优势，但这种优势又会对他们的视野产生一定的约束作用。他们应该看到：学生的将来，学文科的只是其中一部分，即使学生学的是人文学科，文学也只是其中的一部分。那么，学生进入高校以后，在语文能力和文化修养方面的共同要求是什么呢？对于学习文科的学生，这要求又是什么呢？

第二，能够顺应不同学生的不同个性倾向，使学生各具特色。中学语文在中学各门学科中是最具有个性的，相对而言，语文老师在各门学科的老师中也是最具有个性的。一位好的语文老师会具有人格魅力，他会吸引学生、影响学生。而一位优异的语文老师还应该有一定的洞察力，能够判断不同学生的不同个性倾向，扶持学生，让他们沿着各自的不同倾向更完善地发展。他应该发挥潜移默化的作用，而不是简单的模仿对象。

在任何时候，优异的语文教师都是少数，他们是语文教学的"生长点"——在不同时期、不同阶段、从不同方向上引发着新的思考。要驱动整个队伍,今天还是离不开考试。要想使考试起到正面效应,就必须改变"大一统"局面,这是体制方面的改革。在体制改革的基础上,还要使考试能够发挥正效应,其"枢纽"就是各考试机构的专家队伍。

竞争促使考试机构寻觅自己的命题专家,而命题专家必须具备两个条件:

首先,他应该具有一定的教学经验,理解中学生的心理特征,了解教师的疾苦,知道当前的教学弊端。还记得我曾经在博客上提出一道山东高考试题企图引导大家讨论吗?可惜没有能引起大家的兴趣。这道试题的参考答案与教师、学生的思维路线大相径庭。不接地气就没有了灵气,这样的命题者只能机械地按照固定的模式行事,不可能产生充满活力的创新思维。

其次,他应该具有一定的科研能力,能够科学地分析考试目标,而且能够从考试结果中找出恰当的测量方法。长期以来,我们的教学研究只停留在经验型阶段,只能进行陈述而不能进行科学的论证。近年来,在理论探讨方面我们有了进步,但在实践方面我们还不能做理性的分析。教育测量学能够帮助我们迈过这道门槛,配合心理学的分析,这一进程很可能从考试开始。这当然是一个需要时间的过程。而且从根本上说,教学理念是社会意识的反映。有个性的发展只能在以人为本的环境中才能实现。

张:您说的这几点很有启发性和指导性,是方向性的指导。

章:当语文老师的视线从一张试卷上移开,要独立面对如何真正提高学生的言语能力、保证学生应有的文化素养的时候,师资问题也就进一步凸显了。

师资问题是随着城市化进程而发展的。城市化不是简单的人口流动,它包含着对社会公平的需求，对教育资源的分配，对教育质量包括高中教育普及率与高考升学率的期望值的提高。

我觉得，在全国范围内，真正合格的、能够独立而正确地进行教学的语文教师目前还只是少数。当不能再由一张试卷作为导向而要自己寻觅方向的时候，大多数教师大概会感到茫然。也许这种判断过于悲观，但一位称职的语文老师，首先要能读、能写，而且能够把要领告诉学生，这样的教师能有多少？以前谈过，语文教师普遍存在着知识系统陈旧、老化的问题。改变现状，关键在于师范教育的改造。目前师范高校教学内容的改造已经开始，但还处于起步阶段。

张：听您讲高考，讲教师和教学，反思我自己的经历，觉得您站得高、看得远、点得准。我很受教益。我赞同您的意见，课程改革取得预期效果，从一定意义上说，高等师范院校的教学内容和方法的改革起着重要的作用。师范生在校缺少适应新课程的教育和训练，全靠入职后的继续教育"补课"，难以满足中学语文教育发展的需要。谢谢您今天的谈话！

中学生写作能力的目标定位

张：章老师好！前面您谈到了"大规模考试作文评分误差控制"的研究与成果，还想请您谈谈关于写作能力标准问题，这不仅与高考有关，也影响写作教学。我们知道，与阅读能力的分析不同，写作能力的分析与测定缺乏一个比较客观的参照效标。在阅读能力的测定中，用来测定的凭借材料，也就是读物，是一个相对稳定的实体，只要"获取信息性解读"与"文学性解读"两大类型兼顾，利用它们，我们就可以比较准确地判断所测定对象的理解水平与阅读能力。而写作能力的测定不仅全靠评估者的主观判断，所评估的对象也处于经常变化之中，因此存在着很大的模糊性。您怎么看写作测试的这种特殊性？

章：中学生的写作能力表现具有不稳定性特征，这是因为他们的经历、性格、兴趣等各不相同，对不同的文体、不同的作文题目，其适应程度也各不相同，甚至写作时的心境也会直接影响写作的过程，因此他们的写作水平常常表现为浮动状态。20 世纪初，我国教育界前辈周学章先生对学生按不同题目作文的得分关系做了统计分析：142 名初中学生完成 8 篇系列作文，然后由一名受过精密训练的教师打分。结果表明，对不同的作文题目，学生所表现出来的作文水平相差很大。

写作能力表现的不稳定性在国内外得到多次证实。例如 1955 年格林等人的研究结果证明：采用四个论文题对学生进行测量，同样水平的学生得出了完全不同的成绩。论文题的内容具有一定的约束性，如果采取我国习惯的命题作文形式，同一学生在不同作文中的水平差异表现得会更为突出。出现这种现象的原因可以用下图来示意：

	学生 1	学生 2	学生 3
作文一	甲	乙	丙
作文二	乙	丙	甲
作文三	丙	甲	乙

甲 最好写的题目　　乙 一般题目　　丙 最难写的题目

作为个体评估，我们可以称之为采样误差；作为写作能力分析，特别是目标定位，这种现象无疑增加了我们研究工作的难度。

张：面对这样的特征，您的基本思路是什么？

章：我的基本思路主要有三条。

第一是建立相对稳定的参照系。从个体发生学的角度，利用现代心理学的研究成果，我们可以发现青少年在写作方面的发展轨迹。青少年写作能力的发展有着一定的规律性，虽然个体之间差别很大，然而从低层次到高层次还是有脉络可循的。尽管我国在这方面的研究还不够充分，但只要我们能够利用已有资料，开展必要的调查研究，还是能够为我们提供一个参照系统，使我们的目标定位处于比较稳定的状态。

第二是寻求尽量减少随机因素的目标。中学生的写作训练和写作测试要受到题目的限制，不是自由写作，他们所写的内容往往不是由衷而发的，因此受随机因素的影响很大。研究目标定位，就要努力排除这种影响。分析写作的基本心理过程，着眼于"意念—素材—表述"的一般规律，有助于帮助我们发现和把握写作的最基本能力，提出比较便于观察和操作的要求。

第三是借助有效的分析方法——因素分析。因素分析是一种统计技术，它的目的是从为数众多的可观测"变量"中概括出少数的"因素"，用最少的"因素"来概括和解释最大量的观测事实，从而建立起最简洁、最基本的概念系统，揭示出事物之间最本质的联系。这种方法也适用于中学生写作能力目标定位。

研究中学生写作能力，要注意以下两个问题。

首先，中学写作教学不同于社会写作实践。社会写作实践的主要任务是传递信息，大都是"有所为而写"，"有所感而发"；中学生写作教学则是一种教育过程，它的目的是培养基本能力，要服从于一定的教学计划，因此在一定意义上，学生是不自由的，许多练习形式，如命题作文、扩写、续写、写片段……在社会写作实践中是很少见到的。

张：您的这个认识非常重要。就主体来说，一定要区分教学写作与社会写作的不同功能。

章：其次，母语学习在很大程度上要受到社会环境、家庭环境的影响，因此在同一年级的学生中也会有显著的差异。少数的优秀学生的作文可以达到报刊发表的水平，而有的学生可能还停留在相当拙稚的状态，很难用同一个尺度作为限定性目标。

由于以上两点，中学生的写作能力目标，应该既不同于编辑人员对稿件的要求，也不同于作文竞赛的评选标准。以上区别，理论上未必有人持有异议，但习惯的影响却是不可忽视的。

张：我理解您的意思，确定中学生的写作能力目标，必须从学生的年龄心理特征与学习母语的规律出发，着眼于最大数量的学生，着眼于最基本的能力，着眼于写作能力发展的层次性。

章：完全正确！根据这样的认识，可以把对中学生的写作能力进行逐项分析。由于资料不足，目前还只能在宏观方面勾画出大致的轮廓。

写作能力测定的项目，目前国际上有不同的分法，普遍接受的是分为三项：内容、结构、语言技巧，与我们的调查分析基本一致。下面就从这三个方面来谈谈。

先说"内容"。

第一个问题：中学生作文内容发展的一般规律。

有的作文题目，比如《我最熟悉的一个人》，小学生可以写，初中生可以写，高中生也可以写，但所写的内容会很不相同。大致的规律是：从取材的范围看，一般是从个人身边现象转向社会现象；从材料的来源看，是从直接经验扩展到间接经验；从反映的思想看，是道德评价和理想色彩的日益浓厚。

在中学阶段，青少年的分析能力也在发展，大致是：第一阶段可以称为"二重性"阶段，即以"对"和"错"来看待每一件事；第二阶段可以称为"多重性"阶段，这时学生开始明白世界是复杂的，分析事物要注意多角度和多因素，看待一件事可以有多种方法；第三阶段可以称为"相对性"阶段，在这个阶段，学生懂得要考虑不同情况，对待具体事物和问题要做具体分析。

第二个问题："内容"的界定与内涵。

为了便于操作，"内容"项可以从"中心"和"材料"两个方面进行分析。

关于"中心"。在写作的过程中，各种思想材料必须内聚出一个表达的核心，各种思绪、素材才能有所取舍，有所依托，才能进行具体的构思。这个表达的核心就是"中心"。"中心"又称"主旨"，是语文教学中常见的概念。

"中心"的形态是多样的，可以是理性的，也可以是感性的；可以是明示的，也可以是隐含的。

关于"材料"。"材料"也是语文教学中常见的概念，不过对这个概念的界定并不完全一致。事实上，在整个写作过程中，"材料"及其形态始终处于变化之中。首先，随着内聚核心，也就是"中心"的逐渐形成，原始素材会经历一个扬和弃的过程——某些素材被摒弃了，某些素材在头脑中显现了；随着构思的深入，被筛选出来的素材又逐渐变形——某些方面简化，与之并行的是某些方面的拓展；直到最后形诸文字，或许要到修改以后，才算最后定型。我这里所说的"材料"这一概念，不是指原始素材，而是指它经过整理、加工，最后成为一篇文字有机组成部分的书面状态。

如果是命题作文，我这里说的是"广义"的命题，那么还有关于"审题"的问题。这里就不谈了。

张：您上面谈到的中学生写作内容的三个阶段：二重性—多重性—相对性，可以为教师判断学生写作中的认识水平、思维水平提供参照，很有价值。请您继续谈谈您的构想。

章：这张表是我关于"中学生写作内容能力层级的初步设想"，你看看。

中学生写作内容能力层级的初步设想

层级	目标	要求
初级	正确理解题意	能正确把握关键词语的语义，或把握材料的关键性信息
	有中心	1. 话题明确 2. 对要表达的思想、情感有自觉的意识
	材料正确	材料与中心在逻辑上保持一致
中级	中心明确	1. 能处理文章重心与其他部分的关系 2. 要表达的思想观点或情感清晰而明确
	材料充分、恰当	1. 能删除材料中与中心无关的部分 2. 能有意识地扩展材料中与中心有关的部分
高级	中心突出	1. 立意较深刻，或有比较独到的见解，或有较强的现实意义 2. 有较强的理论性、概括性，或有比较丰富的想象、联想 3. 能进行多角度思维
	材料丰富生动	1. 能利用辅助性材料（见解、细节、引述）来充实内容 2. 能注意材料与文章相关部分有机结合（引入、阐述、论证、推论等） 3. 能注意材料的典型性、现实性、新颖性

需要说明的是，学生处理内容的能力，是与他们的认识水平相联系的，而对具体事物的认识，又是与他们的经历、经验、知识背景相互联

系的。因此，写作水平高的学生，也会出现某些失误；写作水平低的学生，也会偶然得心应手。判断学生的写作能力，要结合这些因素具体分析。

张：我回去之后认真研究。

章：下面说"语言"。前面我谈到过不少了。

中学阶段，学生的语言运用发生明显的变化，在这个时期，他们的句子长度明显增加，连接词语的使用频率也明显增加，同时，语病也随之增加。出现这种情况是可以理解的。中学时期，青少年的生理和心理都发生很大的变化，抽象思维能力迅速增强；与之同步发展的，是他们的言语运用风格也从以口语为主变为以书面语为主。在这个阶段，他们要表达的内容复杂化了，语言层次增多了，而他们的言语操作还不够熟练，这就是产生上述现象的原因。

这种现象告诉我们，判断学生的语言能力，要结合所表达内容的难度进行分析，不能简单地根据语病的多少得出结论。

下表是我关于"中学生语言能力层级的初步设想"。

中学生语言能力层级的初步设想

层级	目标	要求
初级	规范、连贯	1. 词语使用正确 2. 符合语法规则 3. 语序合理 4. 不发生歧义
中级	流畅	1. 能够注意用语简洁 2. 能够注意话语的衔接与过渡 3. 能够注意在同义成分中选择恰当的词语和句式 4. 能够注意并适应不同文体和表达方式的特点

续表

层级	目标	要求
高级	凝练、灵活、得体	1. 有比较正确的语言审美意识 2. 能够注意用语的重现与变化 3. 能够注意读者和规定情境的特点 4. 努力做到： （1）内容抽象而概括准确 （2）语言层次多而有条不紊 （3）话语不多而信息（包括情感）丰富

　　语言运用的纯技能方面比较容易条目化，便于把握和操作。更细致的内容可以看看我的《和高中老师谈写作教学》一书的第四章第一节中的《言语能力的层次和技能目标》。

　　最后说说"结构"。

　　先说"结构"的界定与内涵。从事语文教育研究的学者，例如朱作仁先生，通过因素分析测定，"结构"在中学生作文的三个因素中负荷是最小的。自身的经验也告诉我们，中学生作文里"结构"方面的差别不如"内容""语言"方面显著。

　　学生作文的结构能力，可以分为"条理性"和"技巧性"两个方面进行观察。"条理性"——作文结构的条理性在于思维有清晰的层次，并且有合理的顺序。"技巧性"——作文结构的技巧方面首先在于能够正确地分段，进而能够注意段与段之间的衔接、过渡，更进一步，则是在排序方面采取更能吸引读者的策略性措施。

　　结构能力含层次因素，而层次性也是语言的本质属性之一。为了避免概念间内涵发生交叉，"语言"和"结构"以段为分界单位——段以下属"语言"范畴，段以上包含段属"结构"范畴。

　　下面是我关于"中学生结构能力层级的初步设想"。

中学生结构能力层级的初步设想

层级	目标	要求
初级	条理清楚	1. 表述程序合理（没有倒叙、交叉、逸出、跳跃） 2. 段的划分正确（不零碎或庞杂）
中级	结构完整、集中	1. 能注意开头、结尾对读者的作用 2. 能使用过渡句、过渡段 3. 能在表述顺序方面（如倒叙、插叙等）做一些调整，使主要内容突出
高级	结构紧凑	1. 能使用特殊的段的形式（如强调段） 2. 能注意照应与呼应 3. 能采取一些策略性手段以吸引读者

张：您前面提供的三个"能力层级"表，虽然是您将近二十年前的重要研究成果，但它在今天依然可以是改进作文教学，乃至进一步认识作文考试功能的重要参考。

一般来讲，写作能力的判断属于模糊测定，模糊测定需要一定的工具，这个工具就是量表。对学生作文进行测定的量表有两大类，一类可称为"描述式量表"，一类可称为"样本参照量表"。"描述式量表"的描述方式常见的是利用文字加以说明，也可以借助或兼用其他手段，例如图表、数字等；"样本参照量表"简称"参照量表"，它是以样本组成的参照系列，是在模糊测量中进行定性分析的一种常用手段。您在这方面有哪些思考和研究？

章：你提的问题很重要。我从以下几个方面谈谈，其中一些东西并不是我的发明创造，但是很有价值。

一个是作文评分的因素分析。因素分析作为一种统计技术，我们都感到陌生。下面举当年"高考评分误差控制"课题组的一次分析做例子。

　　具体做法是这样的：首先通过问卷和访问、座谈等方式，从有经验的教师中归纳出 18 种"变量"（见下表），然后从浙江金华地区样本学校1991 年高中会考语文试卷中随机选取 419 份作文，组织 5 位教师评阅，再进行分析。作文题目是《"'一'字最难写"的联想》，样本学校是市区上中下不同水平的学校每区各 3 所，外县上下水平的学校各 1 所。结果是这样的：

变量	因素负荷		
	a	b	c
1. 体裁	0.0217	−0.2108	−0.3803
2. 中心	0.2435	−0.1348	−0.5620*
3. 材料	0.3031	−0.0529	−0.5144*
4. 分析	0.2882	−0.1839	−0.5964*
5. 思想	0.2065	−0.4476	−0.0492
6. 首尾	0.0670	−0.4593	−0.0989
7. 层次	0.1008	−0.7202*	−0.1771
8. 过渡	0.0534	−0.6399*	−0.1482
9. 连贯	0.0298	−0.1289	−0.2437
10. 详略	0.0086	−0.1358	−0.5440*
11. 叙述	0.0206	0.0617	−0.4490
12. 议论	0.7354*	−0.1569	−0.3603
13. 描写	0.2235	−0.0367	0.0528
14. 修辞	0.6097*	−0.1648	−0.2973
15. 词汇	0.8647*	−0.0547	−0.2450
16. 语句	0.8959*	−0.1401	−0.1074
17. 文字标点	0.7413*	−0.1296	−0.1233
18. 卷面	0.6994*	−0.1274	−0.1374
$\sum^2$	3.8483	1.5863	2.0299
$\dfrac{\sum^2}{7.4645} \times 100\%$	51.5547	21.2513	27.1941

测算结果，经斜旋转模型矩阵和斜旋转投影矩阵验证，结论完全一致。再与学生最后学期语文成绩、所有作文练习平均成绩、教师"印象评定"分数比较，考察它的相关性，相关系数达到显著相关水平，表明取得的数据有效。

由于这次作文是议论文，变量中"叙述""描写"没有意义，"议论"相当于"表现方法"，分析结果概括如下表：

项目名称	统摄变量	要求
语言表达	句子、词汇、文字标点、议论、卷面、修辞	用词恰当，语句流畅，标点正确，无错别字，修辞方法、表达方式合理
层次结构	条理、层次	分段恰当、条理清晰、过渡顺畅
思想内容	分析、中心、详略、材料	中心突出、材料典型，分析合理、透彻

这份分析也许有不够完善的地方，比如说对"变量"的归纳就还有可商榷之处。此外，"卷面"与"语言表达"的相关可能只是针对当时的状况，这么多年过去了，今天恐怕不复如此。"卷面"和"错别字"问题你不是正组织研究生进行调查吗？但这件事给我的启示是：只要教育科研工作者与语文教学界的朋友们携手合作，我国语文教学就能走出一条康庄大道——这也正是吕叔湘先生倡导"科学化"的本意。

第二是关于写作能力整体测定和分项测定两种方法的调查。

写作能力目标的确定，是为了我们能够搜索、捕捉教学目标；作文评分，是为了对学生的某一个样本进行评定，二者不是一回事。但是二者又相互关联，都是需要有一个参照标准，都是一种评估活动。那么，我们就又回到了那个老问题：对于学生作文，我们究竟是应该整体评估还是分项评估？

对于这个问题，国外一直有着不同意见，国内也存在着争议。主张整体评估者认为，整体大于部分的总和；主张分项评估者认为，对事物如果不做细致的分析，则只能是模糊的印象。两种观点相持不下，对此，我们进行了两次调查与分析。

调查一：1987 年，在江西随机抽取高考作文 100 份，组织阅卷教师 20 人，分为两组，先由其中一组用整体评估方法评阅其中 50 篇，另一组用分项评估方法评阅另 50 篇，再各自改变方法评阅对方曾评阅过的 50 篇。最后取每篇作文每种评分方法各 10 个分值的平均分为代表分，求 100 篇作文两种评分方法的相关。

统计结果：相关系数为 0.885。

调查二：1991 年，在河北省取高考作文 60 篇，先由 6 名专家（河北省阅卷核心组成员）建立专家效标。根据专家效标分成等值两组。随机抽取当年大学、中学阅卷员各 8 人，混合编成两组。两组阅卷员分别用整体评估方法和分项评估方法各评阅一组作文，间隔 5 日，两组交换方法各评另一组作文，取每篇两种方法各 8 个分值的平均分为代表分，再与专家效标比较，求相关。

统计结果：分项评估方法与专家效标的相关系数为 0.890，整体评估方法与专家效标的相关系数为 0.897，两种方法的相关系数为 0.924。

调查结果表明：和有些人的想法相反，两种方法之间并没有实质性的差异。

如果分析两种方法操作时的心理过程，就不难做出解释：采取分项方法时，测定者先要将作文通读一遍，然后逐项评定，因此这种分解是在综合的基础上进行的；采取整体方法时，只要不是草率从事，测定者也要在整体印象的基础上，对作文的几个主要方面进行思辨，做出判断，因此这种综合也需要在分解的参与下进行。二者的心理过程是相当接近的。

那么，这两种方法有没有差别呢？也是有的。

1990 年，江西省在约 5 万文科考生的范围内进行分项评分实验；与此同时，约 10 万的理科考生仍采取传统的整体评分方法。在阅卷过程中，对两种方法进行了对比统计，做法是：利用阅卷第一、第二、第四天的抽样数据计算两种方法的平均分和标准差。分项法抽样数为 4564、4100、3351，整体法为 942、945、1081。作文满分 40 分，统计结果如下。

平均分：整体法从 22.69 分上升到 24.23 分，分项法从 25.70 分下降到 24.74 分

标准差：整体法从 7.67 分下降到 5.97 分，分项法从 6.79 分微调到 6.29 分

因为评分对象不是同一个群体，存在着采样差异，我们只能从宏观上看其走向。从数字上看可以看出，整体法平均分从 22.69 分上升到 24.23 分，标准差从 7.67 分下降到 5.97 分，趋中倾向比较明显。与之相比，分项法则相对稳定。为了进一步检验，我们又取阅卷最后两天，也就是第七、第八天分项法的相应数据进行比较，抽样数为 2768，结果最后两天的平均分为 24.65，标准差为 6.65，自始至终是比较稳定的。

大体上说，整体测定比较便于扩大优劣之间的区分度，但稳定性差，而且更多地依赖于测定者的个人素质；分项法的稳定性强，抗干扰能力优于整体测定，容易目标化，但优劣之间的区分能力不如整体测定。两种方法各有优势和不足，取舍要根据具体条件而异。高考阅卷后来推荐分项法，是根据高考阅卷期间正值高温天气、工作强度高而且阅卷人员素质不一的情况决定的，并不是有所扬抑。

由此可见，科学研究有时是不能用感觉代替的。

张：这个实验研究的结果，您之前谈到过，但这次更详细，使我们了解得更加具体、清晰。

章：这次是看着材料说的，自然就更准确一些。

张：我记得您说过：作文评分个体误差很大，取平均值，可以在相当程度上使误差因素相互抵消。据塞蒙兹的研究，一组作文若由前后两个人评定，其相关系数为 0.55，但经过 4 个人评定后再由另 4 个人评定，则两次的相关系数为 0.82，如果经过 8 个人评定后再评定，则其相关系数增加到 0.90。不过根据我们目前的条件还做不到，只能在研究里这样做。

章：第三，说说关于"基础等级"与"发展等级"。

20 世纪 90 年代，高考作文评分方法有一项重要措施，那就是把作文评分区分为"基础等级"和"发展等级"。具体办法是这样的：总分 60 分，"基础等级" 50 分，按统一的评分标准给分；"发展等级" 10 分，凡"内容""语言""结构"方面有一项突出者即可获得加分，直至满分为止。

需要说明的是，这个方案不是我提出的，而是高考命题组共同讨论拟定的。它代表着命题组的一种共识，这种共识反映着我们对写作能力发展过程的认识。这种认识可以归纳为一个模型，就是我们戏称的"Ұ"结构：

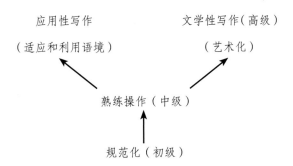

应用性写作　　　　　文学性写作（高级）

（适应和利用语境）　　（艺术化）

熟练操作（中级）

规范化（初级）

我们也知道，凡事有利必有弊，这一举措会增加评分的主观随意性，但它代表着一种理念，希望能够引起语文教学界的注意。不过我们的期待好像落了空，这一举措似乎没有收到我们期待的效果。为此，需要对大家做一些解释。解释这一理念，我就要引用当年我在《语文教学沉思录》一文的前言。

1997 年，东西方文化强烈碰撞，我预感到语文教学会出现一次"动荡"，于是写了《语文教学沉思录》，被《中学语文教学》连载。它的前言是这样的：

我们在进行一系列的思考时，首先要区分多数和少数——多数教师和少数教师，多数学生和少数学生。

我们的目标是兼顾多数和少数——使多数能有所凭借，使少数能不受束缚地、能动地得到发展；因为无论是多数还是少数，都关系到我国青少年语文素质的培养。

这无疑使本来就很复杂的问题显得更为复杂化，然而我们又只能据此来整理自己的思路。

话不多，可是我想了很久。我们要开拓语文教学的新局面，这样一个新局面的形成总要经历青涩才能走向成熟。在这一过程中，它可以不完善，可以有缺陷，但导向要明确。回顾我国现代语文教学的历史，我认为，要处理好"多数"和"少数"的关系，这是一个焦点。

基于此，我对新课程标准的看法是：它是有贡献的。主要体现在它突破了旧有的相对僵化的教学模式，为语文教学改革的探索开拓了更开阔的区域；它引入了比较先进的教学理念，重视个性，为学生的发展提供了更自由的空间。但它也是有偏差的。它有利于优秀学生的发展，但对多数学生及其需求重视不够；它重视学生的文学教育，自然这是应该的，但对语文教学的应用功能有所忽略。

张：今天您的谈话和思考具有建设性和前瞻性，希望更多的语文教师和相关工作者能看到您的意见和成果，继续相关的研究。谢谢您！

第七章　缅怀与反思

我和叶圣陶先生

张： 您多次提到与叶圣陶先生的交往，能不能给我们再具体谈谈？

章： 叶圣陶先生对我影响很大，我一般都习惯称先生为"叶老"。

在我的语文教育论集里有两个插页，一页是我西装革履的照片，真有点儿风度翩翩的劲儿，是在香港讲学时照的。还有一页，是叶老给我改书稿的照片，改的是那本《语言和思维的训练》的稿子。他改得很细，例如第几页、第几行，这个"的"字是不是可以取消，细致到这个程度。于是就引起了一些人的猜测，究竟章熊与叶圣陶是什么关系，甚至有人说"叶圣陶和章熊是忘年交"等，其实不是那么回事。

章熊先生在香港讲学期间留影

我和叶老是什么关系呢？双重关系。一重关系是他是我爷爷的学生。我爷爷是苏州现代学堂的创办者，他是我爷爷的学生。我爷爷的学生里有好多名人，前面讲过的，比如说，顾颉刚，历史学界绝对权威的前辈。他年轻的时候，一本《古史辨》震动了全国。还有谁呢？俞平伯，他是一代大师俞曲园的曾孙，我爷爷又是俞曲园的学生。叶圣陶、顾颉刚、俞平伯，都是我爷爷的学生。对了，爷爷还有一个学生是北京大学教授王世华，影响也很大。

还有一重关系，就是亲戚关系。我给叶老写信时，称他为表姑夫，这重关系稍微复杂一点儿。我奶奶是续弦，前头的奶奶姓胡，叶老的夫人叫胡墨林，她管前头的奶奶叫姑。前头的奶奶死了，我爷爷续弦娶了我的奶奶，可亲戚关系还在。当年我们住上海的时候，叶老和他夫人还特地到上海去看望我奶奶，管我奶奶叫二姑。所以我和叶老是两重关系，他是我爷爷的学生，我们还是亲戚。

新中国成立后，叶老先当了出版总署副署长，后来当了教育部副部长。可那时我没去找他，心想他是大人物，我绝不"攀龙附凤"。哪知道，我在语文教学上搞出了一点儿名堂，上海有学校请我去讲学。听到了这个消息，是叶老写信给我大爷，叫我去见他。我有点儿忐忑不安，我想先试探一下。之前我在《北京师范大学学报》上发表过文章，叫作《中学语文教学几个问题的探讨》，是我写的，跟王世堪联名发表。我先把这篇文章寄给叶老看，他一看，高兴得不得了，直接给我写信，让我快去见他，而且信中对这篇文章夸得很厉害，他是绝对肯定这篇文章的。我就去了。等到一见面，我就为自己之前的无知而后悔。"良师益友"这些词并不足以形容我和叶老之间的感情。打个比方，他是一盏明灯，既教育我怎么为人，又照亮了我前进的道路。我真是非常后悔，为什么不早点儿去见他，跟叶老接触，他的为人深深感动和教育着我。

叶老的人品、风骨不用说；热情奖掖后辈，80 岁高龄还为我逐句修改稿子，这也不用多说；与叶老的交往中，还经常可以听到一些出人意表而又引人深思的话语。

举个例子，每次拜见叶老，我总是事先约定时间。有一次已经约好，但早晨突然听到茅盾逝世的消息，于是打电话给叶至善，问老人家心情如何，如果不好，可以改个时间。因为我知道叶老与茅盾的关系很好。叶至善说："没事，你来吧。"于是我去了。

话题是从"应用文"开始的。叶老说："我一向反对'应用文'这个说法，好像只有某一类文字才是应用，其他的就不是应用似的！"

他话锋一转，就转到茅盾逝世这件事情上。

"好比这次茅盾逝世，《人民日报》要约我写一篇悼念的文章。我老了，一想事情就睡不着，眼睛又不好，怎么办呢？我写了一首诗《悼茅盾》。在文学作品里，诗也算是顶尖的了，可是请问，这是不是'应用'呢？"

那天叶老有点儿激动，话说得比较多，他又说："一提到'应用文'，好像就是一些格式问题。其实哪有这么简单！"

说到这，叶至善翻出一封邀请函，上面是这么写的：

叶圣陶同志：
　　你荣幸地被邀请参加我们在青岛举办的……

应该说"格式"没有错，可是措辞却让人哭笑不得。这时，叶老又说："我赞成'实用'这个说法，'实用'，就是在需要的时候说恰当的话。"

这次谈话让我印象深刻。因为在这次谈话里，叶老不仅谈到文体划分，谈到写作的社会功能，还言简意赅地谈到了言语交际的原理，而那时候"言语交际学"还没有传入我国。等到传入以后，我一看，西方语言学因其习惯思维模式的缘故，表述艰涩难懂，而且视野也没有叶老开阔。

在做语文教育论集的时候，我特地在叶老为我改稿的手迹中选出含有以上内容的一张作为影印页。这么做，既是缅怀，也是突显——突显叶老的这个特点。

叶老的思维非常清晰，思想非常深刻。举一个例子，北京某学院当时提出一个口号，叫作"讲深讲透"。他说，胡闹，怎么能够讲深讲透？以叶老的地位，他说得很不客气。事实上语文这门学科有个特点，它跟数学不一样，它的基本构成是一篇篇课文，课文的深浅程度不同，课文与课文之间没有什么逻辑关系，因此教师讲课的内容常常不是线性的、固定的。不像数学，一元一次方程式讲完了，就要讲一元二次方程式，内容前后有逻辑关系，是固定的。语文这门课，讲得可深可浅。《木兰辞》小学可以读，中学可以读，到上了大学中文系还可以读，学的深浅程度当然不一样。比方说考察《木兰辞》源流，可以发现其对唐诗的影响。"朔气传金柝，寒光照铁衣。将军百战死，壮士十年归"，绝似太白五言近体诗。这个能不能在中学讲呢？不能在中学讲，你上了大学中文系，才能讲这个东西。所以叶老说"胡闹，怎么能够讲深讲透"，真是一针见血。

叶老喜欢我，时常把我往台前推。有一次叶老和我参加座谈会，叶老提出一个主张，要编一本实用语言研究，他说章熊同志可以担任组长，直接点了我的名。老人家一言九鼎，于是北京市语言学会赶紧成立了个研究组，我当组长，去找人编写。我已经意识到了叶老所谈的实用语言不是应用文，我就做了一个试探，先找了几个当时有点名气的语文老师写了几篇稿子，寄给了叶老。叶老对我说话也直截了当，说这个写得很不好。我明白了，于是我写了一篇《电报的语言》。现在不需要打电报了，以前打电报是要到邮局去的，而且是按字数算钱的，要用最少的字，把话说清楚。文中我用了现代语言学的一些方法——从社会语言环境、个人语言环境等方面，讲清楚了怎样用最少的文字在电报里把要说的话说明白，总之是体现了语言的交际功能。这篇文章一寄给叶老，他高兴啊，马上给我回了封信，说文章好得很。我知道这符合叶老的意思。叶老不是研究语言学的，但他的主张实际上涉及一个新的学科——语用学，这是语言学发展的一门新的学科，讲究语言运用的目的、对象、环境，交流的主要目的是什么，交际双方各自的背景知识如何，用什么手段、什么形式来表达你的意思。这样一来，语言学习建立在运用上，它就活了。叶老以他敏锐的感觉，意识到语文教学应该教学生实际运用语言的本事。

还有一点给我印象很深的，就是叶老的坚持。叶老受"五四"时期的影响，对八股文，包括学生作文的八股气深恶痛绝，他认为学生作文必须说真话、说心里话。在他的指导下，语言学家张志公先生在北京景山学校做过实验。一开始让学生写"放胆文"，想写什么就写什么。虽然这件事后来夭折了，但是可以看出叶老对学生不说真话，说套话、空话的行为，是深恶痛绝的。他像一盏明灯照亮了我，照亮了我语文教学研究的道路。叶老当时说得很清楚，一般的习惯观念认为，语文教学就是教学生写好一篇作文，其实这并不全面，听、说、读、写都重要。语文教学的前景，叶老看得很清楚。他很喜欢我，希望我来当实用语言研究小组的组长，推动语言实际运用的教学。可惜这个任务，我没有在叶老生前完成，我一个人的力量毕竟有限。后来我借着修改教学大纲的机会，写了一本《简明·连贯·得体——中学生的语言修养和训练》，我认为这是比较接近叶老的语文教学思想的。书出版后，我烧了一本，以此向他老人家汇报，表达我心里对他的想念。

张：您与叶老之间的故事与感情真让人感动！

章：缅怀叶老，我还要着重谈到的是叶老对我的批评。

　　叶老曾经严肃地对我说："我对你不客气，你写的东西别人不容易看懂。"

　　说实在的，我不是一个容易接受批评的人，常常不无得意地说："谦虚不是我的美德，坦率是我的本色。"听到意见，我第一反应往往就是想反驳。可是对叶老的批评，我当时确实是静静地、认真地听着。一方面是叶老的光芒笼罩着我，另一方面是我已经隐约地感觉到了自己的不足。

　　在实践中我逐渐体会到：讲话、写东西，简单比复杂难，通俗比深奥难。燕妮曾经问马克思，什么是他最喜欢的词语，马克思的回答是"简单"，这是哲人哲理哲语。把问题谈得很复杂，表明你在认识上还没有把握住关键，而与"简单"相伴随的常常是豁然开朗。有时你以为自己想得很清楚了，可等到落笔，要追求表述通俗化的时候，才发现自己有的地方根本还没有想明白。

　　叶老的批评还有更深一层的启示，这是我晚些时候才慢慢悟到的。叶老心中永远装着"大多数"。20 世纪 30 年代，叶老为中学语文教学定位的时候就着眼于学生的"大多数"，后来谈到对"当代文艺讲座"看法的时候，叶老关注的也是教师的"大多数"。这也是他引导我注意自己不足的切入点。我是自信的，相信自己在许多问题上能够见人之所未见，否则我也不会在将近八十岁的高龄还认真地去编写自己的书；我也不怕"曲高和寡"，相信时间将检验一切。然而我也有薄弱环节。回顾我的教学生涯，一开始教的是工农干部，后来面对的是北大附中的学生，而且仅仅是高中生。个人经历的局限会导致视野的狭窄，这种实践方面的局限性必然导致认识方面的缺陷和不足，在设定教学目标方面更容易出现偏高倾向。

　　我和叶老最后一次见面是在医院，一同去的还有全国人大代表、福建语文特级教师陈日亮。医院门口有解放军战士站岗，我们费了好大劲儿才进去。病房是里外间，里间是睡觉的，外间是客厅。那天，他的孙媳妇陪着他，一见到我就说，叶老前两天还念叨你了，说章熊怎么不来看我，而且他一直很想念你。我很感动。叶老当时也是很感慨，他说他现在就像一只玻璃瓶里的苍蝇，不能出去，出去就要感冒，但是他的头脑是清醒的。后来我与叶老拍了张合影，这张合影一直在我的电脑里保存着。此后我再也没有机会去看望叶老。当在报上看到叶老逝世的消息时，我失声痛哭。这张合影是我非常珍惜的一张照片。

章熊先生最后一次看望叶圣陶先生（右）

我与吕叔湘先生

张：您老人家多次谈到吕叔湘先生对您的影响和指导，您再给我们讲讲吧。

章：吕先生对我影响很大。当初院系调整以后，我就与先生失去了联系。一晃就是 20 多年！早些年我写过一篇《我对语文教学科学化的几点想法》，当时发到语文组希望能引起讨论，不料没有反响。我心有不甘，无奈之下想到了吕先生，知道先生当时在中国社会科学院语言研究所，就寄了过去。恰好吕先生写信给邓小平，提出中学语文教学的效率问题。邓小平把信批转给当时的教育部副部长蒋南翔，蒋南翔又委托中国社会科学院语言研究所召开会议进行讨论。因为会议在北京金鱼胡同召开，所以我们习惯称之为"金鱼胡同会议"。我和张鸿苓、王世堪就是那时候结识的。会后，吕先生建议成立一个民间学术组织继续研讨语文改革问题。所以这次会议不但是语文教学改革的起点，也是全国中语会的源头。

吕先生不但叫我来参加会议，还让我第一个发言。会后，《中国语文》全文刊发了那篇《我对语文教学科学化的几点想法》。这是我生平第一次发表文章，从此就一发不可收拾了。

等到再次见面，吕先生已经认不出我了。我赶紧自报家门："我就是当年的小淘气章熊。"因为上学早，我到了大学仍不脱孩子气。先生高兴地拍了我一下。

与吕先生接触，实在是有"春风化雨，惠我良多"的感觉，吕先生对我在语文教学方面的教诲前面谈了不少，这里只谈两件事。

第一件事要从我翻译的《提高写作技能》说起。这本书是吕先生推荐的。这是20世纪70年代美国的一本中学写作教材，吕先生看过以后非常感慨："他们中学生的作文水平比我们的强多了！"于是人民教育出版社想把它翻译出来，起初考虑的译者是张志公先生，不巧张先生卧病住院，才找到了我。以我可怜的英语水平，加之美式英语与英式英语、现代用语与传统用语的差别，翻译这本书的困难是很大的，我经常向北京大学齐声乔教授请教，才勉强完成。当时国内外生活水平的差距也增加了翻译的困难，比如说"高速公路"，我当时是照字面直译的，因为我没见过，不知道它是什么样子；"电视连续剧"我翻译成"电视系列剧"，因为那时候国内还没有，况且那时候我也买不起电视机。

翻译的过程也是大开眼界的过程——他们教材的结构与我们大不相同。简而言之，该教材结构的特点主要有三点：一是写作专题的选择，从"自述"到"辩论与说服"，按照由简单到复杂、由易到难排列的次序，很实在，便于操作；二是每一个写作专题里面都包括各种练习若干次，书中称为"准备活动"，然后才是正式作文；三是写作技巧和修辞、逻辑知识都分别编写在相应的写作专题里，打破了过去教材编写的系统性，重新组合成便于学生实践的训练步骤。这些对我都有很大启发。

我把自己的体会告诉了吕先生，吕先生笑了笑，不置可否，对我说："我要你注意的是他们中学生的作文。"

吕先生的话让我思考。我没有吕先生那样的英语水平，体会不到美国学生作文里的精微之处，翻译时只能求其无误，无法传神。即便如此，这些中学生的作文也让我耳目一新。从内容看，大到美国社会的医疗危机，小到个人情感的隐私，无所不包；从形式看，有散文，有小说，有诗歌，体裁多样。有的文章想象奇特，例如《答应我一个假想的葬礼》……我感觉到他们的写作是无拘无束的，他们的学习是快活的。一个想法在我脑子里浮现：假如我们的学生也能这样，再加上东方的哲理思维，写出来的作文会是什么样子呢？

我知道吕先生话里的含意了：写作教材无论怎么编，都应让学生自由抒发内心的情感。

第二件事是吕先生给我写了一封信，一封铭刻在我心里的信。

有一段时间我很苦闷，就给吕先生写了一封信，说："过去一些带着神圣光环的东西在我眼前破碎了，我想哭。可是找谁哭呢？只有找老师。"

很快，我接到了吕先生的回信，信很长，谈得很多，有这样一段话："青年人从小说里看世界，一个玫瑰花世界。年事渐长步入社会，全不是那回事。随波逐流的是大多数，推波助澜者有之，'回天乏力，之死靡它'的只是极少数……"

吕先生接着说："我劝你读读二十四史，消消气。"信的末尾是："话不尽，信得发。"

很难描述我读了信以后的感觉。我不但读了好几遍，而且拿给我心爱的学生们看。我当然不是"回天乏力，之死靡它"的人。我有七情六欲，有私心杂念。理想需要宗教式的虔诚和初恋般的炽热，我已经没有了。我有脆弱，有彷徨，有消沉，甚至患得患失，但这封信确实给了我力量，让我抬起头，继续走。我一直把这封信保存着、珍惜着，在我心里。

张：听了您和吕先生之间的故事，受教很多，感慨也很多。一是您对语文教学理想境界的不懈追求、深入思考、自觉反思令我们敬仰，值得我们学习；二是领悟到一个人的提升离不开更高层次的前辈专家的引领和指导。这一点上您是幸运的，我也是幸运的！

章：在回顾的过程中，我会缅怀，特别是叶老和吕先生，我也会反思。

我前面说过"我保证这些话语的真实性，但不能保证我的理解准确而全面"，这是一种科学态度。我是个主观意识很强的人，不那么安分守己。心理学研究告诉我们，人总是只能记住自己需要、想要记住的事情，所以当我引用、阐释长者说过的话时，免不了会掺进我自己的元素。

还要说明的一点是，我并不像人们所想象的那样一直追随在他们两位老人家左右。

张：可以说这就是章熊先生的特色吧？

章：可能是吧。

张：谢谢您！

第八章 我与我的兴趣爱好

写旧体诗

张：章老师，除了语文教学研究，我知道您还喜欢写旧体诗和书法，而这两项恰恰是今天许多语文教师比较欠缺的。我特别想听听您在这两方面的感受和体会，希望能给老师们一点儿借鉴，努力去补上这两课。

章：我喜欢写旧体诗和书法，是有个人原因和历史条件的。

先说写旧体诗。旧体诗不好写，因为它对格律要求很严。一是要仄起平收，上句仄声字结尾，下句就要用平声字结尾，把它挑起来；还有音转现象，就是有的读音与现代汉语的读音不同。比方说旧体诗里的"斜"有时念"xiá"；再比方说，表示馈赠时，"遗"要念成"wèi"。毛泽东有一首词，其中的一段是："安得倚天抽宝剑，把汝裁为三截？一截遗欧，一截赠美，一截还东国。"这里的"遗"就是念"wèi"，不念"yí"。

我没有学过旧体诗，是无师自通的。爷爷和大爷，那是曾祖手把手教的。我书柜里有一小本，是曾祖给爷爷批改的作业。是什么作业呢？就是爷爷写的旧体诗。本上曾祖写着这句不应该这么讲，这句应该往上挑……很有意思。爷爷他们是受过正规训练的，我是无师自通，但不含糊地说，我认为我比他们写得好。

我写的第一首旧体诗，是在新中国成立以前写的。那时候有个同学叫高德昌，他要去投奔革命，我就请他喝酒，写诗给他送行。我生命中的第一首旧体诗是这样写的：

把酒数风流，

书生意未休。

烽火连幽豫，

雷霆震九州。

月落三分白，

风吹几度秋。

凯歌蜂起日，

凭栏忆吴钩。

"把酒数风流，书生意未休"很好理解。"烽火连幽豫，雷霆震九州"就是当时不知道其他事，只知道打了个胜仗。在哪儿打的呢？就是在古代的幽州和豫州那儿。"月落三分白"是指月亮落下来了，天有几分亮了，"白"字的意思是天有几分发白，可是在这个地方"白"要念"bó"。"风吹几度秋"是指几年过去了，仗打了几年。"凯歌蜂起日"是写等到胜利的那天大家一起唱凯歌。"凭栏忆吴钩"用了个典故，宋代辛弃疾的词里有"把吴钩看了，栏杆拍遍"的句子。吴钩是古代的一种兵器，锋利无比，"凭栏忆吴钩"有一种意气风发的豪情。这不是我自夸，中国社会科学院文学研究所的研究员幺书仪，专门研究戏曲，很有名气。她的爱人叫洪子诚，是北京大学中文系的教授。幺书仪跟我要过几首我的旧体诗，我发给她了。他们两口子一看，就说我这第一首旧体诗最棒。没想到生平第一次写旧体诗得到的评价还挺高。闻一多说作诗要有格律，好像戴着镣铐跳舞，我呢，跳得还不错，尤其我是无师自通，是自己悟出来的，这让我很得意。

闻一多说的"戴着镣铐跳舞"，是有上下句的关系问题。上下句的关系，大致可以分成三类，一类叫正对，两句说的是同类内容的话；一类是反对，上句和下句说的是相反内容的话；还有一类叫流水对，上句自然就过渡到下句来了。上下句之间很自然地过渡，这是写旧体诗的一个特点。我这首诗属于流水对，上句很自然就过渡到下句来了。

新中国成立前我还写过一首，不过不是律诗，是长短句。我这长短句也没什么词牌，词牌像"摸鱼儿""满江红""苏幕遮"等，限制得非常严，不单字数有限制，连什么地方押韵都有限制。我这个人是不大喜欢被约束的，就由着自己的性子，想句子长就句子长，想句子短就句子短。一开始只有半首，这是怎么回事呢？一次国立中央大学中文系师生有个活动，到燕子矶，那个地方风很硬，这时候我脑袋里蹦出了"迷迷茫茫，燕子矶下风如铁；落日一点红，激起千帆血"。这只是半首，后来扩充到了一首。不知怎么，当时我有一种预感，好像百万大军要南下渡江，最后我写成了这样：

> 大江水向东流，
> 三千年来古渡头；
> 一朝风烟起，
> 看哪个最风流。
>
> 迷迷茫茫，
> 燕子矶下风如铁；
> 落日一点红，
> 激起千帆血。

张：那您写过情诗吗？

章：写过啊！前面的诗和长短句是按写作时间的先后谈的，下面这首律诗就是情诗，有特殊意义。我老伴儿要过 60 岁生日了，我写了一首律诗，是这样写的：

> 千古坎坷随水流，
> 一番风雨共小舟。
> 人生能得几甲子，
> 垂老转觉两情柔。
> 相伴相依君长愿，
> 亦痴亦傻我堪忧。
> 戏言历历犹在耳，
> 秋月春华祝白头。

我稍微解释一下。"千古坎坷"指的是"文革"，那年头我们遭罪就不再多说了，"随水流"就是指这段日子总算随着时光的流逝熬过去了。在风雨飘摇的日子里，我跟老伴儿"一番风雨共小舟"，同舟共济。"人生能得几甲子"，一个人一辈子能有几个甲子？一个甲子是 60 年，两个甲子就 120 年了，除了个别的人，是不可能活到第二个甲子结束的，那就是一个甲子嘛，正好老伴儿过生日，六十高寿。"垂老转觉两情柔"，因为风雨同舟的经历，我们的感情也发生了变化。"相伴相依君长愿，亦痴亦傻我堪忧"，相伴相依，是你的愿望，"亦痴依傻我堪忧"，我呢，自身毛病很多，从句间联系来说，是反对。"戏言历历犹在耳"，过去开玩笑的话，还在耳朵边响着呢。"秋月春华祝白头"，一般说"春华秋月"，我来个"秋月春华"，只是为了平仄，仄起平收，这个就不多细讲了。"秋月春华祝白头"，最美好的感情，就是找到一个人，和对方牵着手一直走到老。当年我曾将这首诗读给诗人刘征听，刘征就是刘国正先生，他一听，就说："写得好！"

张：确实写得好，尤其是"人生能得几甲子，垂老转觉两情柔"，真情实感，得到了您这个年龄才能有这么深的体会。

章熊先生与老伴儿

章：老了以后，我们吵架拌嘴少了，互相惦记多了。我有两首五言律诗，反映我这时候的心境。第一首是：

> 往事犹幻境，
> 今朝白发多。
> 名成心转愧，
> 情重梦难说。
> 京华非所愿，
> 江海畏风波。

> 廉颇真老矣，
>
> 夸父竟如何？

　　前面好懂，"往事犹幻境"，"文革"犹如幻境，让我有些迷糊。"今朝白发多"，现在我白头发多起来了。"名成心转愧"，出了名了，心里转而惭愧。"情重梦难说"容易理解。"京华非所愿"，是说我并不愿意住在京华，"江海畏风波"，可是真正到了江海当中，我又怕风波。"廉颇真老矣"，廉颇真的老了。这里有个典故。廉颇是赵之名将，战无不胜，后来到岁数了，退下来了。有一次赵王想再起用他，就派了个使者，看看廉颇老了没有。廉颇一看见使者来了，心里高兴得很，拉弓舞刀，然后大口吃饭。使者呢，回去使了个坏，就说他还很能吃饭，可是吃饭的时候"三遗矢"，就是三次到外头上厕所，这样一来国君就不敢起用他了——老喽！辛弃疾在他的词里把这个典故写进去了，是"廉颇老矣，尚能饭否"。"夸父竟如何"，是说夸父逐日。这是古代的一个传说，夸父追太阳，追到后来，力竭而死。"廉颇真老矣，夸父竟如何"呀，这是我晚年的心境！

　　还有一首遣怀诗：

> 昨夜窗头月，
>
> 今晨孺子心。
>
> 风送浮云意，
>
> 梦境入眠人。
>
> 臧否休争辩，
>
> 文章总断魂。
>
> 晓影明灭处，
>
> 山深情更深。

"昨夜窗头月，今晨孺子心"这都不用解释了。"风送浮云意，梦境入眠人"是出于论语的一句话："不义而富且贵，于我如浮云"。"臧否休争辩"，指无论是否说我好，我都不去争辩。"文章总断魂"，我写的文章总是把我的心血融进去的。"晓影明灭处，山深情更深"，山深，我的感情比山还更深，这写出我当时的一种心态，也表现了一点儿失落感，当然也表现了我的一些新意。

张：诗言志，不谬也！

书法艺术心得

张：先生是书法家，还出过小楷字帖。现在年轻人能把字写好的越来越少，更不要说书法了。您给我们谈谈学习书法的感受好吗？也许会有更多的人从您这里得到启发而喜欢书法呢！

章：书法家谈不上。谈点自己学习书法的心得感受吧。

中国书法之所以在全世界能成一绝，因为用的是软笔。用软笔写字这变化就多了。笔是软的，有狼毫、羊毫之分，狼毫比较硬，羊毫比较软。狼毫其实不是狼的毛，是黄鼠狼尾巴上的毛。羊毫种类比较多，现在有什么五紫五羊、七紫三羊等。"五紫五羊"就是一半是黄鼠狼的狼毫，一半是羊毫；"七紫三羊"就是七分狼毫、三分羊毫的笔。制笔的要求也很高，是一层一层卷的，一层羊毫一层狼毫。或者纯狼毫、纯羊毫也可以，都是一层一层卷成笔，然后捆紧了，再套进圆柱的笔杆。

张：我知道选笔是很有讲究的。

章：对，把笔泡开之后，往水里一放，毛全散开了；笔一离开水，笔芯马上形成一个尖儿，这是好笔。

中国的字不是简单地一笔一笔这么画下来的，而是讲究用线条来表明用笔的规矩。它是欲左先右，欲上先下，有一个曲里拐弯儿的用笔的技巧，这样才能把笔的劲全用在中锋上。这么一来就使得书法增添了很多技巧性和变化因素，成为一门独特的艺术。当你到了这个境界的时候，会出现意想不到的效果。

我还记得有一次临摹《不空和尚碑》，

章熊先生的书法作品《龟虽寿》

一笔用下去，就听见响了一声，我知道劲儿用到了。再一看，果然，这笔中间凹下了一个槽，我把劲儿全使在中锋上了。可惜，这样的境界，我生平只有一次。古人有很多用笔之法的讲究，目的就是让你在这软笔上能使上力量。我生平真正做到了这一步也只有这么一次，当时那一笔怎么看怎么有味儿。

张：写毛笔字用墨也是很有讲究的。

章：那是自然！有一句话叫"墨分五色"，五是个虚数，指的是墨可以分出很多种色彩出来，浓、淡、干、湿，还可以写出飞白。中国有水墨画，它不同于西方的水彩画，它的颜色相对单一。而且有一种创作方法叫喷墨法。什么是喷墨法呢？就是把墨汁研磨好之后，用喷筒喷在宣纸上。宣纸很吸水，很快就出现了不规则的图形，而且是你一时间想象不到的东西。画家就根据图形展开想象，然后再添笔、添墨构成一幅事前根本没有想象到的图画，一种境界就出现了。这是中国水墨画的特点，是西方水彩画所没有的。根据水墨画这样的特点，书法也就有了"墨分五色"之说。

我做过一个实验，在墨汁里掺水，然后在大张宣纸上写，让它自然渲染，自然铺开，要保留字形，还要保存韵味。我用这种方法写过一幅最大的作品《松鹤》，写得很好，被朋友要走了；还有一幅就是挂在客厅里的《墨戏》。仔细看看，"墨""戏"两个字分出好多层次，最里头一层是着笔的地方，很清楚，然后就渲染开了，但要渲染得恰到好处，这跟加水的多少，运笔的快慢有关系。在这种情况之下，运笔要快，要保持字的形状，最后还要出现飞白。飞白，据说是东汉灵帝时修饰鸿都门，匠人用刷白粉的笤帚写字，蔡邕见后，悟出这种笔法。这种笔法就是在书法创作中，笔画中间夹杂着丝丝的白痕，给人以飞动的感觉。"墨"的最后一笔就出现了飞白，一种干燥的用笔。这是我的得意之作。

章熊先生的书法作品《墨戏》

张： 除此之外，作为书法作品还要讲究章法。

章： 对啊。我认为，书法作品要成为一个整体，是书法艺术的最高境界。这里三言两语说不清楚，不过可以讲一些规则要领。一幅好的作品，它是用笔画的粗细、字的大小变化来前后呼应的。头一个字用笔要重，最后一行不能是单个字，起码是两个字以上，最好是三个字。如何做到，那就要用字的大小来调整它。还有，"一"字最好不要摆在顶头，因为这个字很难写，也很容易单调，摆在一个显著位置上，就影响了全篇的效果。一个好的书法家，他的字是充满着变化的，用笔的轻重、字体的变化、字的大小结合起来，人们观赏它就是一种艺术的享受。

我爷爷的写法和常规不一样，汉字书法是从上往下写，从右往左写，而我爷爷呢，先用粉线打好格子，这事儿由我奶奶做。什么叫粉线呢？就是过去做衣服时常用的一个工具：一个粉包，一条长线。长线从粉包这头拉出来，拉直了，很长一根线，在布上"嘣"的一弹，一条直的粉线就出来了。写字时在纸上也这样做，等到写好了以后，用手一掸，粉线就没了。爷爷写之前，总是奶奶给爷爷打粉线，画好格子。比如给人写寿屏，字大小都一样，那就要先打好格子。我爷爷不是从上往下写，也不是从右往左写，他横过来，从左往右横着写，字跟字的意思都不连贯，他都计划好了。他不是全篇按顺序来，他是按照自己的计划，一个字一个字的位置摆好了，一个字一个字写。当然这跟我爷爷写的是正楷有关系。可写完之后，你看不出这是横着、从左往右写的，你看起来是全篇连贯、前后呼应的，这是我爷爷的本事。到了这一步，就是书法的最高境界了，你欣赏别人书法的时候可以注意这一点。

举一个例子，比如"三"。如果三个横道距离相当，长短相等，这就不是楷书了。你仔细看，三笔长短不一样——第二笔应该比第一笔再短一点儿，这两笔拉得紧，第三笔拉长一点儿。第二笔甚至可以点一个点儿，这样"三"字就活泛了。

再比如说"之"字，在一幅作品里很容易写好几遍，每个"之"字的写法都要有变化，不能全一样。有人统计过《兰亭集序》里面有20个"之"字，每个"之"字写法都不一样。练到这一步，就是炉火纯青了。

张：您老的书法造诣与语文教学研究一样深，我辈真是惭愧，诗不精，书不成，真要继续好好向您学习。最后想请您对中小学生学习古诗词和练习书法，提些建议。

《章熊书三美曲》

章：我始终认为，孩子读古诗，先背下来就是，将来自会消化、吸收。如果一定要他们理解，不要说意境，单指内容来说，能让孩子们读的就没几首了。似懂非懂也好，懵懵懂懂也好，让孩子先在大脑里储存起来，将来受益无穷。

正因为如此，学习的诗歌可以宽泛一些，主要是让孩子多接触一些诗句，多见识几种体裁。

谈到练习书法。我倒认为马虎不得。入门基础没打好，将来就难以挣脱羁绊，就好像运动员技术动作有毛病，改正起来十分困难一样。没有规矩，不成方圆。一谈到规矩，往往就是"横平竖直"。其实书法艺术中，没有哪一笔是真正的"平"和"直"。一旦把字写成算盘珠子，再想提高，不知要费多大气力！因此，入门的向导很重要，我小时候，人们总是直接从名作着手，例如《乐毅论》《灵飞经》等，现在这样做有一定的困难，比如简化字这一关就不好过。我希望书法家们能够出一些好的字帖，为引导孩子们通向彼岸架起一座桥梁。

张：非常感谢您的分享！

自我评价

张：章先生，我们之前聊了很多了，最后我想听听您对自己的评价，不知您是否方便谈。

章：完全可以谈。曾经我看过一篇报道，有一个著名电影演员，记者访问她：你认为中国演员里最棒的人是谁？她说：是我！她的回答因为跟当时社会上的习惯思维不一样——怎么这么不谦虚？于是引起了一些批评。其实我倒很欣赏她这句话，快人快语，我欣赏这种个性。还有一个网球运动员叫李娜。李娜夺冠后，接受采访时说话也很有个性。我很欣赏这样的人，因为跟我有点像。

那么，如果要问中学语文教学里，我是不是第一人？我可以很明确地回答说：我不是。因为我在教学上有短板。我是不大考虑教学法的，甚至连教案也没有。教材上面有几张小纸条，写上几句话，就是今天我上课要发挥的话。有时候很成功，甚至下课铃一响，我听到有学生说："怎么就下课了呢？正听得津津有味呢！"可是有的时候，这种"走无轨电车"的办法也会失败，会气得我恨不得敲自个儿脑袋。所以我不是中学语文教学的第一人。

论教学，我佩服的是钱梦龙。我举一个例子：《孔乙己》第一堂课，他让学生自己读，圈圈点点。学生受过训练了，把觉得精彩的地方圈点出来，钱梦龙就好好讲一下。第二堂课，他在黑板上写了几个大字，一个作文题，叫作"一个充满了笑声的悲剧"，告诉学生，你们用一节课把自己的读书心得写出来。其实这样他很累，时间也很紧张，要一个晚上把一个班学生的作文都看了。果然不出所料，"笑声"大家看得见，"悲剧"学生却不理解。第三堂课，他讲课：你们已经理解的东西不讲了，你们不理解的东西我带你们深化，讲讲怎么理解孔乙己的"悲剧"。就这样讲了一堂课。第四堂他又没讲课，而是告诉学生，说按照你们新的认识，再把作文写一遍，或者把原来的作文修改一下。四堂课，他讲得不多，但学生的收获非常大。后来他拿了十几篇那个班上学生的作文给我看，学生写得真是好。这一点我比不了，我没有这么精彩的教学设计。

可是如果要问在中学语文教学研究上最好的是谁？那么我毫不客气地说：是我！在钻研这门学科的人里头，我是钻得比别人更深的人，把语文作为一个学科来进行系统性研究，毫不谦虚地说，我是第一人。我前面说过，我是在五个交叉点上的人，就这一点来说，我就会有和别人不同的看法，所以我认为全国只有我一个。

我不受传统的或流行的东西制约，可是我有一个很突出的优点，就是"专业"。不管是我喜欢的工作，还是我不喜欢的工作，我都要"专业"。我起初并不热爱中学语文教学，原来也没打算在中学语文教学里头干一辈子，我的兴趣不在这儿。可是我的优点就在于在任何情况下，我都要钻研，而且要钻研到一定的深度。这就是我的自我评价。

我的研究肯定不够完备。可是我比别人钻得深，走得远。现在我的一本书成了北京师范大学研究生的必读参考书。有一个很有名的教授曾对我表示佩服。他公开说："我最敬佩的人是章熊。"他来看过我，而且从我的语文教育论集里选了几篇文章，帮我陆续在别的刊物上发表了。在他领导的、对全国很有影响的语文教学活动里，我的书也列为必读参考书，就是我的语文教育论集。还有我研究的很多内容，前面都谈过了。所以说，我来过，我彷徨过，我苦闷过，我快乐过，我不后悔。我觉得我做了我该做的事儿，虽然肯定不完美。有时我也有消极情绪，曲高和寡，无人理解。但是我又很坦然，一个人来到这社会上，做了他应该做的事，这就够了。这就是我对自己的评价。

张：我认为您的自我评价实事求是，这是不容易的。非常感谢您用这么多的时间跟我们谈人生、谈语文、谈做人、谈学习，不仅让我受教良多，相信读者也一定会从您的谈话中受益匪浅。再次向您表示敬意！

章熊先生

附 录

附录 1　章熊简明年谱

1931 年 3 月 28 日

出生在北京，祖籍江苏，家学渊源。

1945—1947 年（14—16 岁）

就读于上海市南洋模范中学。

获"'天'字科学墨水书法大赛"中学组第三名。

1947—1949 年（16—18 岁）

就读于国立中央大学中文系。

1949—1951 年（18—20 岁）

就读于清华大学中文系。

1951—1957 年（20—26 岁）

任清华大学附设工农速成中学语文教师。

加入中国共产党。

1957—1978 年（26—47 岁）

任北京大学附属中学语文教研组组长，后任副校长。

在北京大学附属中学开展"小论文写作"实验。

《我对语文教学科学化的几点想法》发表在《中国语文》上。

1979 年（48 岁）

在北京大学附属中学开设"当代文艺讲座"。

与王世堪合作的《中学语文教学几个问题的探讨》发表在《北京师范大学学报》上。

全国中语会成立，任副理事长、学术委员会主任。

第一次去拜访叶圣陶先生。

1980 年（49 岁）

《谈代词的表达功能》经张志公先生修改后发表在《中学语文教学》上。

到香山参加全国中学语文教材改革第二次座谈会，发表《思索·探索》油印材料，得到张志公先生指导。

《空间位置与"参考点"》发表在《中学语文教学》上。

《理科教学中的语言问题》发表在《中国语文》上。

1981 年（50 岁）

《阅读课的职能》发表在《江苏教育》上。

与何斐合作的《增设"当代文艺讲座"课的尝试》发表在《人民教育》上。

参加全国中语会年会（福州年会），会上发表论文《从思维和表达的矛盾看中学生语言训练》。

1982 年（51 岁）

参加"漓江之秋"语文教学周，会上进行关于《语言与思维关系在观念上的混乱》的发言。

《命题作文中的思维训练》发表在《光明日报》上，署笔名"王世熊"。

参与人民教育出版社初中语文教材编写至 1986 年。

1983 年（52 岁）

《语言和思维的训练》在上海教育出版社出版。

1984 年（53 岁）

参与高考命题工作，并多年主持全国语文高考工作。

《语文教学听说训练的初步考察》发表在《中国语文》上。

《阅读训练与阅读测试》发表在《人民教育》上。

与章学淳合译《提高写作技能》由福建教育出版社出版。

1985 年（54 岁）

到中央教育科学研究所工作。

《简单论文写作》由四川教育出版社出版。

1986 年（55 岁）

全国中小学教材审定委员会及各学科教材审查委员会成立，被教育部聘为首批语文学科审查委员。

1987 年（56 岁）

主持国家教育考试中心委托课题"大规模考试作文评分误差控制"。

《语言和思维的训练习作示例》由文心出版社出版。

获"抗老杯"书法大赛一等奖。

1988 年（57 岁）

悼念叶圣陶先生的文章《哭叶老》发表在《语文教学通讯》上。

《复述——语言训练的一种基本形式》发表在《语文学习》上。

1989 年（58 岁）

《现代文阅读的基本要求》发表在《语文教学与研究》上。

《关于 1989 年全国高考语文试题》发表在《语文学习》上。

1990 年（59 岁）

入选《当代中国社会科学学者大辞典》。

《中学语文教学内容和教材结构的探讨》被编入陕西师范大学出版社《比较与展望——普通中学、小学课程内容和结构研究》一书。

《高考作文语言水平的测定及语言能力的自我测试》由陕西师范大学出版社出版。

1991 年（60 岁）

完成国家教育考试中心委托课题"大规模考试作文评分误差控制"，编制了新中国成立以来第一部大规模考试作文评分参照量表。

从中央教育科学研究所退休。

《少年儿童写古诗毛笔小楷字帖》由海洋出版社出版。

1992 年（61 岁）

由于对教育事业做出突出贡献，享受国务院给突出贡献专家的政府特殊津贴。

《我对中学阅读能力目标的意见》发表在《中学语文教学参考》上。

《〈九年义务教育初中语文教学大纲〉审查说明》发表在《教育学报》上。

1993 年（62 岁）

《谈中学生语言能力的培养》发表在《教育学报》上。

《语言和思维的训练（重写本）》在上海教育出版社出版。

1994 年（63 岁）

"大规模考试作文评分误差控制"课题研究成果分六期发表在《中学语文教学》上。

《"简明·连贯·得体"系列讲座》在《中学语文教学参考（教师版）》上连载。

与汪寿明、柳士镇合著的《汉语表达》在江苏教育出版社出版。

1995 年（64 岁）

《中国当代写作与阅读测试》由四川教育出版社出版。

1996 年（65 岁）

与缪小放合著的《简明·连贯·得体——中学生的语言修养和训练》由语文出版社出版。

1997 年（66 岁）

《21 世纪语文教学的展望》在《课程·教材·教法》上连载。

《语文教学沉思录》在《中学语文教学》上连载。

1998 年（67 岁）

为林炜彤《语文教育研究》作序《继承者与开拓者》。

1999 年（68 岁）

任香港理工大学汉语及双语学系客座教授（至 2001 年），赴香港讲学。

为纪念张志公先生，撰写《志公先生的语文教学观》，发表在《中学语文教学参考》上。

《谈谈语言技能题的拟制》发表在《语文教学通讯》上。

为《中国中学生作文名师精评精改大全》撰写前言《"名家"和"名师"的区别在什么地方？》。

2000 年（69 岁）

《关于"修辞格"、修辞、修辞教学的反思》在《中学语文教学》上连载。

《中学生写作能力的目标定位》发表在《课程·教材·教法》上。

《模仿　类推　创造——语言训练中一个有待开发的领域》发表在《中学语文教学》上。

《句子的整齐与变化》发表在《语文教学通讯》上。

全国"九五"规划课题"中小学语文课程设置和教学体系研究"之子课题的结题报告《中学生言语技能与作文水平相关性检测》（与张彬福合作）通过专家鉴定，被收入课题成果集《语文课程的基础研究》，由人民教育出版社出版。

2001 年（70 岁）

《中学生的言语技能训练》在《语文教学通讯》上连载。

2002 年（71 岁）

因年龄原因退出全国高考语文命题组。

《思索·探索——章熊语文教育论集》由人民教育出版社出版。

2004 年（73 岁）

出席全国中语会在北京大学附属中学隆重召开的"章熊语文教育思想研讨会"并讲话。

2005 年（74 岁）

与张彬福、王本华合著的《中学生言语技能训练》由人民教育出版社出版。

2006 年（75 岁）

应邀主持编写高中语文选修教材《文章写作与修改》。

2007 年（76 岁）

与青年教师一起讨论、编写《和高中老师谈写作教学》。

2008 年（77 岁）

《思索·探索——章熊语文教育论集》荣获中国教育学会优秀科研成果二等奖。

2009 年（78 岁）

在全国中语会年会上，与刘国正先生等一起被聘为全国中语会顾问。

2010 年（79 岁）

获全国中语会"中学语文终身成就奖"。

2011 年（80 岁）

《我的语文教学思想历程》发表在《课程·教材·教法》上。

2012 年（81 岁）

与徐慧琳、邓虹、白雪峰合著的《和高中老师谈写作教学》由人民教育出版社出版。

开设博客,介绍"中学生书面语训练"。

2013 年(82 岁)

《我对中学语文教材的几点看法——答顾之川先生》发表在《中学语文教学》上。

2014—2017 年(83—86 岁)

因罹患眼疾,停止写作,但没有停止思考,用声音记录多年来的思考与研究。

2019 年 1 月 21 日

病逝,享年 88 岁。

附录 2 章熊主要著作

(一)专著

书名	出版社	出版时间	备注
语言和思维的训练	上海教育出版社	1983	
提高写作技能	福建教育出版社	1984	(美)威廉·W.韦斯特著,与章学淳合译
简单论文写作	四川教育出版社	1985	
中学生语言技巧的培养	河南教育出版社	1986	
语言和思维的训练习作示例	文心出版社	1987	
高考作文语言水平的测定及语言能力的自我测试	陕西师范大学出版社	1990	主编
高考作文能力要求及评分参照量表	中国广播电视出版社	1992	主编

续表

书名	出版社	出版时间	备注
大规模考试评分误差控制及评分参照量表	中国广播电视出版社	1992	主编
语言和思维的训练（重写本）	上海教育出版社	1993	
汉语表达	江苏教育出版社	1994	与汪寿明、柳士镇合著
中国当代写作与阅读测试	四川教育出版社	1995	
简明・连贯・得体——中学生的语言修养和训练	语文出版社	1996	与缪小放合著
高中议论文写作	北京出版社	1998	主编
思索・探索——章熊语文教育论集	人民教育出版社	2002	张彬福编
中学生言语技能训练	人民教育出版社	2005	与张彬福、王本华合著
和高中老师谈写作教学	人民教育出版社	2012	与徐慧琳、邓虹、白雪峰合著

（二）教材

书名	出版社	出版时间	备注
普通高中课程标准实验教科书・语文选修・文章写作与修改	人民教育出版社	2006	主编之一

（三）其他

书名	出版社	出版时间	备注
1984—1989全国高考优秀作文选评	中国文联出版公司	1990	主编
少年儿童写古诗毛笔小楷字贴	海洋出版社	1991	
中国高中生作文名师精评精改大全	山西教育出版社	2000	主编
中国初中生作文名师精评精改大全	山西教育出版社	2000	主编

附录 3　章熊语文教育思想经典摘录

我经常用这两句话思考问题：一句是黑格尔的"存在即合理"，另一句是鲁迅《狂人日记》里的"从来如此，便对吗"。这样辩证地看问题，就会使自己的思想不至于陷入某种框框之中，而是更趋向客观。

语言、思维、思想之间，宛如我们居住的太阳系，"它们"一直在活动着、运转着：语言围着思维转，思维围着思想转，同时，正如我们的宇宙一样，思想又围着一个更大的天体转动，那就是社会。三者不停地运转，一方制约着一方，被制约者又反作用于对方：语言梳理激活着思维，思维梳理激活着思想。

语言学习的本质属性之一是实践性，人们只能在言语的实践中学会使用语言。夸美纽斯早就说过："一切语文学习从实践去学习比用规则学习来得容易。"语文教学中的言语实践应该以社会需求作为自己的导向性目标，然而它是一种有计划的教学行为，因此又不能等同于一般的言语社会实践。语文教学里有许多形式是一般社会实践中没有的，例如命题作文，这种形式是一个人在走入社会以后很少遇到的，但它是一种传统的行之有效的训练方法。

准确地说，语文课所涉及的，不是"语言"，而是"语言的运用"。没有注意到二者的区分，是当前语文教学的弊病之一。学习母语所遇到的问题和语言学所研究的问题不是一回事。语文课传授知识，分析语言，不是要学生知道"这是什么"，以获得某些概念为满足，而是要总结善于运用语言之人的经验，引导学生了解和思考"它为什么是这样"。我们现在的教学却常常是本末倒置，知识概念不是用来作为分析语言现象的手段，而是成为学生穷究的对象。其结果，学生眼花缭乱，把精力浪费在抠名词术语方面，对语言的运用能力却没有裨益。这是语文教学的误区。

发挥学生的创造性并不是我们语言训练的唯一目标。一些操作性的基本技能是需要反复练习的，这种练习有时候还要附加一些甚至相当苛刻的限制条件。从事这类练习的时候，往往没有多少创造可言。我们可以拿足球、篮球运动员的培养类比：有些技能训练可能是枯燥无味的，然而这类技能又是他们驰骋球场，临场酣畅淋漓发挥的必要条件。语言训练也是这样。

同时，创造性又是我们追逐的重要目标。一个没有想象力的球类运动员，即使基本功再好，也不会在球场上取得成功。同样的，当我们看到学生在练习中充分发挥他们的想象力，充分显示出他们才能的时候，我们就会由衷地感到欣慰。

目前广大教师所亟须的，是具体的、便于操作的指导，而不是空泛的议论。纵观目前的论坛，有的论述只侧重属于语文教学最高层次也是模糊性最强的一面，忽略了更基本的、模糊性较弱、对广大教师和多数学生更具有实际意义、也比较容易把握的一面。有人由此甚至提出了诸如语文教学本质就是模糊的这样的论断，这更会使许多教师感到无所适从。我们现在需要的，是对语文教学诸多因素的具体分析，以及比较便于多数教师理解的、能够成为教学行为依据的方案。

我们的语文课，特别是中学语文课，决不是"从零开始"，也不是"到此结束"。忽视前者，容易使我们在教学过程中低估了学生的接受能力；忽视后者，容易使我们脱离学生的多数，不能正确处理基础和发展的关系，企求过高，使教学目标失于庞杂。为此，我们需要完成语文能力目标的"定位"工作。

语文教学如果没有传统经验作基础，就没有生命；传统经验如果得不到科学的分析，就不能得到发展。

理想总带有某种幻想的成分，实践将会把幻想带回到现实中来。即使幻想显得幼稚可笑，理想的光芒永远是值得珍惜的，它给你以希望，在困难中给你以勇气，在疲倦时给你以力量，在有所前进时教导你谦虚。虽然眼前还蒙着许多未知的迷雾，但我坚信：道路是存在的！

附录 4　名家评价

章熊先生是我国著名的语文教育家，他十分重视语文教学实验与研究，率先垂范，身体力行，在长达半个多世纪的辛勤耕耘中，无论教学还是科研，都取得了令人瞩目的成果，为我国语文教育事业的建设与发展做出了重要的贡献。

（陈金明在"章熊语文教育思想研讨会"上的发言》）

章熊先生是我的同行知己，为人为学，都堪为吾师。

1981 年春，在杭州"西湖笔会"，与先生初识；第二年，又在苏州"叶圣陶语文教育理论讨论会"再度相逢，志趣相投，便成知交。

……

每当面对我国语文教育在争鸣中求共识、在探索中求创新的现实，脑海里总要浮现出先生指夹香烟、双目炯炯、额头发亮地在烟雾中深沉思索的神态，心底不免升腾起不尽的思绪。

在当代语文教育史上，谈到语文水平的测试，章熊应是众多专家中的首席。这不单是因为他的专著《中国当代写作与阅读测试》一书在四川教育出版社出版之后，立即成为语文测试研究者们的必读书；而且还因为自全国实行统考之后，国家考试中心在组织高考语文试卷命题组时特聘章熊担任组长，一连 10 多年，这足以说明他在语文测试研究方面的精深造诣。

先生在高考语文测试方面的贡献，我以为是一句话和三项措施。一句话：选拔性考试，旨在淘汰大多数；日常教学则必须面向大多数，甚至是应该面向全体学生。因此必须正确认识和处理考试和教学的关系。三项措施：一是开创了"现代文阅读测试"的新题型；二是作文命题日渐向生活化、实用化靠拢，情境式的、话题式的，使命题出现了新面貌；三是把"高考作文评分误差控制"这一世界性难题，作为专题进行研究，历时 5 年，组织北京、河北、江西等地 100 多位专家进行实地调查、科学分析，经过西安会议结题评审，通过了研究的各项课题，最终完成了《高考作文能力要求及评分参照量表》这一权威著作，为以后的历届语文高考试卷在作文评分误差控制方面提供了接近科学的依据。

谈到我国改革开放以来的语文教材建设，也不能不提到章熊先生。在语文教材的学科审查委员中，既有国内知名的语文特级教师，如于漪、钱梦龙、欧阳代娜、徐振维，也有在高等学校从事文史研究和语文课程与教学论研究的专家，如冯钟芸、张鸿荟，还有在语文教材编制实践和语文教研工作中做出过突出贡献的著名学者，如刘国正、潘仲茗、申士昌等。但每次审查会议，大家都要让章熊首先发言，听听他的高见。我个人认为，原因是先生具有极高的智商和综合素质。他有扎实的语文功底，除汉语外，还熟谙英语；有扎实的哲学功底，事事处处都善于进行哲学思考；有扎实的语文教材编制理论基础，同时又在语文分编教材编制方面有鲜活的实践经验；扎实的口语表达基础，每有所论，往往流畅中显深刻，精警中不乏幽默。所以在审查会上总会听到这样的话："老熊，你来讲一讲！"先生受圣陶老人的教益甚多，甚至连写字的一笔一画都不肯马虎，连一个标点都不错不漏。每到给某套教材写审查结论的时候，总会听到这样的话："老熊，你来写一写！"在中学语文教材审查委员会的十来名审查委员中，除了正、副组长外，章熊自然成了核心人物。

据说，当今有些新锐们把语文教育研究分成两大流派，一是"语言派"，一是"文学派"。且不说这种门派的划分是否符合实际，但我要说，章熊是地地道道的"语言派"。章熊这个"语言派"，是把"学习语言"

如实地说成"学习语言运用"的第一人；是把语言训练与科学思维训练统一起来的第一人；是把"学习语言运用"和"提高文学素养"结合起来，在北大附中开设当代文艺讲座的第一人；是把"学习语言运用"与生活实际相联系，在北大附中开展语言综合实践活动的第一人；是根据圣陶老人的嘱咐，在研究应用语言学的基础上写成《汉语表达》一书，突破以往语法、修辞、逻辑三者彼此分割、孤立地进行知识学习的陈套，以简明、连贯、得体为目标，为提高学生语言表达水平而倾注全力的第一人。

（顾黄初《"墨池水暖"永相随》）

我和章熊老师相知相亲，是在 20 世纪 70 年代末的西湖笔会上。在上海与章熊老师第一次见面，他就自报姓名："我叫章熊，天下文章一大抄的'章'，狗熊的'熊'。"我就觉得这个人挺可爱的，也很大气。

我国长期以来的语文教学，包括独立设科的百年，我觉得比较重视字词，更重视篇章，但是中间有个非常重要的环节——句子，不被重视。在我们的语文课上，包括现在的许多展示课和一些竞赛课上，都几乎看不到（也很少在我们的杂志上面看到）关于句子的教学。而章熊老师首先突破的一个理论层面是句子和句群。句子是人们进行思维的最基本的单位，它下联字词，上勾篇章，是必不可少的一个中介单位。特别是现在的社会，人们的生活节奏越来越快，有时候人与人之间的思想交流并非用一篇完整的文章，但又不可能仅仅停留在一个字、一个词上。现在我们习惯用短信息，短信息它就是以句子为主要的传递单位的。

我想，传统语文教学有点像邓稼先，邓稼先有着我们传统文化的淳朴、厚实，做什么事情都讲究规范，时时处处讲究规范，他是一个不张扬的人，他是我国传统美学观念中的含蓄蕴藉的一种很好的表现。而现代语文教学有点像奥本海默，他的个性就是豪放的、张扬的，只要有机会就要表现自己，他是西方个性解放的最好诠释。……语文教学需要他们两个人的组合，而这个两个人的组合在章熊老师身上体现得比较好，他既有邓稼先的精神，又有奥本海默的个性。

章熊老师对语言学的研究，还非常重视特定的语境，这是我们大家都应当很好地融合在工作、生活当中的。我记得我们两个人曾经谈过，要有一种懂得在什么时候、什么地方，用什么方式，对什么人讲什么话的这种能力。这就是上午欧阳老师讲的最后一个词——得体，这是最难的。譬如，章先生长我好多岁，他称我或者写信给我，可以称我为"钟梁兄"，这个是非常得体的。但我写信给章先生，或者当面跟他打招呼，就不能说"章熊兄"。闻一多先生当年就曾因比他小的人在信中这样称呼他大发雷霆，表示要与写信的人绝交。这个"兄"本身就是要讲得体。这种是讲不清的文化的结果，长期以来的文化结果。语文教学在课堂里要能够做到"得体"，我想，是一种非常高的，也是一种非常美的境界。愿我们大家都在章熊老师这样一种思想、在他的精神的鼓舞下致力于语文教学改革。

（陈钟梁在"章熊语文教育思想研讨会"上的发言）

二十多年来，语文界一直很热闹，看样子还会一直热闹下去吧。而你呢，则始终默默，偶有言说，也总不以凑热闹为有趣。你有你的天地，你就像个老农，乐于在自己的园地里和泥土打交道。如今搞语文科研的人不少，可有多少人愿意做"泥土"的工作呢？外面人造的风雨阴晴，你亦何尝关心，你关心的只是苗儿生长的自然生态和特殊规律。当然，你也更像是一位科技人员，你只认真干你的"形而下"的活。实证是你的手段，操作是你的脾气，逻辑是你的生命，实践是你的品格。你曾认定"语文教学培养和训练的重点，仍然应该是思维的逻辑性和语言的准确性"，那是1978年。二十多年来，你孜孜矻矻，一以贯之。科学工作的特点就是盯住了不放，钻下去再说。那一本足有1斤6两4钱重的《思索·探索——章熊语文教育论集》，你占有，加工，提炼，是何等的厚重结实！认识你的人，都知道你这人"实"。你看问题，现实；做研究，扎实；你写的文章，皮实。还有你那副身材，也格外地敦实。当别人无休止地热衷于为语文"定性"的时候，你就敦敦实实安坐在冷板凳上，思考着"定位"和"定量"的问题。这就是你的"定力"！你不怕被讥为"匠气"，构建语文的科学大厦也好，艺术宫殿也好，不是都需要大批的能工巧匠？现在的设计师何其多，而真正的工匠有几个？我宁愿不尊你为"专家""名师"，而称呼你"良匠章熊"，如何？在我的书架上，你的论文集是与工具书并列的，这有没有委屈了你？说来道去，无论怎么说，语文就是工具，是须臾不离的工具，又是人文十足的工具。这就够了。争那么多"性"干什么？徒自扰而已。爱扰扰的，就让他们扰扰去吧。现在来研究你，大概也不会给你"定性"，不会来判定你是人文主义还是科学主义。我只希望，追随你锲而不舍锐意求索的足迹，会有更多人重视发现掌握学习母语的客观规律，去做对语文传统教学进行科学分析与改造的工作。筚路蓝缕，人也不堪其忧，而你也不改其乐。你有时候天真得像个小孩，你的乐天的性格，我相信大半是在你的工作中历练形成的。我要学你，就只学你不怕寂寞和自得其乐。

二十多年了，你送我自己刻写的那一篇《思索·探索》油印稿，纸张早已发黄，可仍然透着墨香。六十多万言的著作，我能体会你用它冠名的缘由。思索不终止，探索无尽时。"一点豪情今尚在，半生心血看从头。"这就是夸父的精神，就是精卫的决心！是啊，山有小口，仿佛若有光。也许真的只要复行数十步，便会豁然开朗。可这"数十步"啊，又是何等艰难！

你说得对，"畅想是轻松的，实践是艰苦的"。我不知道，明天，在为语文实践家章熊召开的学术研讨会上，还会听到多少畅想曲？也许面对你或深或浅探索前行的足迹，人们会感觉到脚下的沉重。然而，在如今众口嚣嚣而众步摇摇而众脑昏昏的时候，来个脚重而头轻，又是何等迫切的需要啊！

（陈日亮给"章熊语文教育思想研讨会"的贺信）

章熊高度重视汉字问题，他本人的书法就达到相当高的造诣。他认为，不应当把系统的语法知识作为学生语文学习所必须掌握的"资源"，学生对常用汉字的掌握比对系统语法知识的掌握重要得多。这一观点，著名语言学家吕叔湘先生在其语文论集中反复强调过。章熊高度重视对实际应用语言的知识的探求。他认为，理论的语言知识体系不适宜直接挪用于语文教学资源的建构，这与张志公先生强调学生的"读写听说的实践"是语文教学"主体"的观点是一脉相承的。

章熊许多观点更贴近教师的教学实际。比如，他尖锐指出对某些所谓"语文学科知识"需要"淡化"。又比如，他认为面面俱到讲解文学作品不是语文教学中可取的现象，主张任凭弱水三千，只取一瓢饮。也就是说，单纯从"文篇"本身的文学价值出发，未必能解决好语文教学资源定位问题。

他对从学生语文能力实际出发的"练习"给予特别关注，这一点给我印象极深。20 世纪 80 年代中期，那时很多专家对"语言练习"鄙夷不屑，而章熊老师在编写人民教育出版社教材《阅读》时，却把"单元练习"提到与"讲读、自读作品"同等重要的地位。他认为，好的语言练习，是以语言素材为载体的、对"教学过程"相对微观化的"资源单位"；某些教师的优秀课堂教学设计，则可以看作是这种"资源单位"的有机合成。

他特别注重那些对学生的思维活动、实践活动极具启发作用的"思考练习题"的设计，称赞过许多教师的教学案例。他认为，对语文资源恰当地加以"问题化"，是使之转化为"语文教学资源"的基本方法。一本好的语文教材，必须选择好的"文篇"，但还必须设计好的思考练习题，否则就只能称之为文章选读，不能称之为语文教材。为了使学生的语言实践能力得到有效提高，他在视力急剧衰减的情况下，仍广泛借鉴国内外资料，反思我国语文教育的得失，深入研究培养学生语言技能的资源如何系统化的问题。

章熊老师是最早下大力气研究如何对学生"读写"行为进行统计测量的，筚路蓝缕，功不可没。他这样做，为的是解决语文教学资源建设中如何进行科学监控的问题。

总起来说，章熊几十年孜孜不倦的一个主攻方向，是语文教学资源方面的建设问题，他从实践到理论，全方位地进行着卓有成效的研究。全面研究他的"语文教学资源观"，对于在信息化时代如何解决语文教学百年"老大难"（叶圣陶语）问题具有非常重大的意义。

（顾德希《学习章熊老师的语文资源观——章熊语文教育思想研讨会发言》）

章熊先生关于写作的论著中所体现出的写作教育思想有三个显著特点：一是服务于中学师生，目标明确，针对性强；二是深入到写作的具体环节中，深耕细作，探幽发微；三是形成了科学的训练体系，体大思精，论述详备。我认为，在当代语文教育史上，章熊先生是一座"重镇"，不可绕行。章熊先生的写作教育思想师承叶圣陶、吕叔湘和张志公三位先生，流传有自，守正创新。如果说以叶老为代表的语文教育家是现代语文的奠基者，那么以章熊先生为代表的语文教育家是现代语文的继承者、当代语文的奠基者。

……

写作教学不仅需要宏观架构，更需要微观操作，必须深入到写作的每一个具体环节中。对于广大语文教师来说，写作教学往往宽泛、粗疏，似乎静不下心来细细打磨。其实，写作教学需要一种工匠精神，切磋琢磨、精益求精。章熊先生的贡献不仅为一线教师提供了可资借鉴的操作模型，更重要的是，为写作教学科学体系的架构奠定了厚实的基础，在此基础上，一个科学的写作教学体系就呼之欲出了。

章熊先生是一位杰出的学者。学者的品质在于理性看待语文教育的方方面面，用学术的眼光分析出现的各种问题，用科学的方法寻求解决这些问题的途径。章熊先生是当代语文教育史上的标志性人物，他的学术造诣在中语界少有比肩者。

（程翔《章熊写作教育思想研究》）

我未与先生通过电话，也未登门拜访过先生。但这不妨碍我对先生的认读，相反，正是这种消除了一般的俗情，使我更冷峻地在一种独特氛围与背景下认读先生。先生的形象恰如月下超拔硬朗的三秋树影，更容易让我陷入沉思。

我时时在文字中阅读先生。他的学问如同秋日的枫林，远观，仍然一大片一大片的金红；近观，便见到老熟的不同层次的斑斓。倘若再细寻一番——偏要去细寻一番的话，会在常人的忽略中看到光中一闪的两三片深红的叶儿，这是悄然藏身于林中的俏丽！这，便是先生的性情了。然而，这还不是先生学问的至美。先生学问之美在孤卓，就是迎接时代的呼唤而轻视当代的喧哗。

研读他的学问如此，研读他的书法也有这般感觉。2006 年 9 月，先生赠我书法集《章熊书三美曲》。初读，汉隶与魏碑，沙砾列阵的风色，险峻沉雄的笔触，让人惊叹。顾廷龙先生赞曰"精绝"。再读，先生的小楷，那才叫秋夜长空的雁阵，铁马冰河的裂响！细而察之，其势其气又如扁舟破浪。其势，稳健，如有顽石压舱；其气，又分明跃动，铁划银钩，瑟瑟有声。倘若再细寻一番——偏要去细寻一番的话，总会找到江南冬柳细挺枝条的疏影。那绵长瘦硬的一枝，似乎要划开地上的浅霜。

（陈军《我所敬重的章熊先生》）

章先生强调语文技能训练，主要理由有三：第一，母语学习的实践性。用心理学的概念来说，语言的听说读写都是技能，这些技能不能靠"讲授"习得，只有通过有指导的练习才能形成。第二，要将综合能力加以分解，先分别训练，然后进行综合运用训练。这一思想是极为闪光的，与现代教学设计中的任务分析思想完全一致。第三，如果语文教师能学会将复杂的语文能力分解，并逐一加以训练，然后使学生形成综合的语文能力这套教学设计技术，那么教师的培养就会像培养西医那样，做到科学化和专门化。这些观点都是超前的，符合认知心理学关于知识与能力的观点以及教学设计的原理。

（吴红耘，皮连生《语文教学科学化，路在何方？——评章熊先生的〈我的语文教学思想历程〉》）

后记

张彬福

2019 年 2 月，顾之川兄给我打电话，说任彦钧先生在编一套"当代中国语文教育家口述实录"，他建议我来做章熊先生这本。我一口答应，责无旁贷！

知道章熊先生的大名是 20 世纪 80 年代中期，我在北京市东城区一所中学教书的时候。有一次，我到区里参加一个只有五六个人的语文教学理论学习会，会上教研员读的是章熊先生在一次大会上的讲话。别的内容现在已记不清了，只记住了他说，大到日月星河，小到一叶扁舟，语文无所不包，语文老师要在语文教学这个大舞台上演出有声有色的"活剧"来。再有，就是知道了他是一个语文教育专家。

认识先生，也是一次偶然的机会。大约在 1991 年年底，我去张必锟先生家拜望，见墙上挂着章熊先生的书法作品。我惊讶于先生的字写得好。必锟先生说，你要是喜欢，我请章熊给你写一幅，我和他是老朋友。我自然是求之不得。写什么呢？必锟先生为我集了四句唐诗，多有奖掖之意。我说，我还是自己选一首吧，就选了朱熹的《观书有感》。必锟先生主张把我们选的都寄给章熊先生，由章熊先生选。元旦过后第一天上班，我就收到了章熊先生的书法作品，写的是我自己选的那首。除了馈赠墨宝，他还给我写了封信，约我相见。1992年春节，我第一次登门拜望并结识了章熊先生，从此结下师生之缘，得益良多，恩同再造。

我第一次登门拜访，感到他老人家是那样的亲切，一见如故。他当时跟我说："语文就是一层窗户纸，捅破它需要研究语言运用教学。"这令我茅塞顿开。之后章熊先生引我进了高考语文命题组，我和他老人家在组里工作的几年间，同居一室，耳濡目染，真是受教太多了！2001年，他老人家推荐我到香港理工大学中文及双语学系做访问学者，使我获得了不曾有过的学习和历练，进一步增长了见识。章熊先生带着我做全国教育规划课题并形成成果《中学生言语技能与作文水平相关性检测》，带着我研究语言教育，合著《中学生言语技能训练》，应邀成为首届骨干教师国家级培训授课的导师……是章熊先生领着我走进了语文教学研究的大门，我对先生真是感念不尽！

2013年，章熊先生眼疾加重，几乎失明，因此他只能放弃电脑，放弃心爱的写作。他是笔耕不辍的学者，不能写作了，不能将自己的思考写出来与人交流了，这对老人家的打击实在太大了。有一段时间老人家有些颓唐，借酒消愁。章晨妹妹让我去劝劝老爷子，不能这么喝酒，要注意身体。我想不出什么能令他老人家立即接受的建议，试着跟他说："咱写不了了，但是可以说啊！您把自己这么多年的思考和新的想法录下来，我或者其他人帮您整理出来，不也很好吗？"他答应我想一想，正好他的老学生也劝他留录音资料。先生毕竟是个豁达的人，最终接受了大家的建议，让女儿为他录音。几年下来先生竟然断断续续录了近百段。这些珍贵的录音资料记录了先生语文教育理论与实践的成果，具有重要的文献价值；也记录了他老人家为人为学的品格和风貌。如今他老人家驾鹤西去，去找叶老、吕老了。我们根据这些录音整理编辑成这本《章熊口述——记下我的足迹，以俟来者》，奉献给读者，也以此学习和纪念章熊先生。

为了统一体例，我按类似访谈的样式对稿件进行编辑。其实这么多年跟先生学习、交流，录音中的很多内容他老人家曾给我讲过，对话中我提出的一些问题和看法也曾跟先生交流过。因为录音是先生在83 岁至 88 岁的高龄间完成的，加之他老人家身体时有不适，所以有些内容或语音有些模糊。因此我在整理成文稿时，参照他的著作，做了一些语言上的加工，但内容绝对是原汁原味的。

在这本书的编写过程中，章佐弟弟、章晨妹妹、弟媳侯月珍、妹夫薛歌群给予了大力支持，提供录音和电子版材料，校订文稿内容，提供照片，等等。章老师的老学生、北京大学附属中学语文组原组长林新民大姐及其他老同事、老朋友，一直关注这本书的编写和出版。我想，这反映了大家的一个共同愿望，希望章熊先生的研究成果能够为大众学习并得以传承，这样做才是对他老人家最好的告慰。

最后还要感谢我的学生王梦娇和同事段蕾，一个帮我查材料，一个帮我做语音转换和文字校对等工作，帮我减轻了不少工作量。感谢责任编辑张巧慧老师，提出了许多很好的建议。特别要感谢广西教育出版社以及本套书的策划、主编，组织编写这样极具现实意义的一套书，告诉人们语文教育改革面向未来的时候，首先要传承老一辈的语文教育思想和实践的精华，不能数典忘祖。我们期待并相信，历经"折腾"之后，语文教育终究会走上它该走的正确轨道。

于首都师范大学

2019 年 8 月 31 日

图书在版编目（CIP）数据

章熊口述：记下我的足迹，以俟来者 / 章熊口述；
张彬福整理. -- 南宁：广西教育出版社，2020.12
（当代中国语文教育家口述实录 / 任彦钧，刘远主
编. 第一辑）
ISBN 978-7-5435-8740-3

Ⅰ. ①章… Ⅱ. ①章… ②张… Ⅲ. ①语文教学-教
育思想-思想史-中国 Ⅳ. ①H19

中国版本图书馆 CIP 数据核字（2020）第 264494 号

ZHANG XIONG KOUSHU
章熊口述——记下我的足迹，以俟来者
────────────────────────
项目策划：陆思成　刘朝东
项目统筹：周　影
责任编辑：张巧慧
装帧设计：璞　闾　杨　阳
责任校对：刘汉明　覃肖澎
责任技编：蒋　媛
────────────────────────

出 版 人：石立民
出版发行：广西教育出版社
地　　址：广西南宁市鲤湾路 8 号　　　邮政编码：530022
电　　话：0771-5865797
本社网址：http://www.gxeph.com
电子信箱：gxeph@vip.163.com
印　　刷：广西民族印刷包装集团有限公司
开　　本：787mm×1092mm　1/16
印　　张：17.25
插　　页：4
字　　数：228 千字
版　　次：2020 年 12 月第 1 版
印　　次：2020 年 12 月第 1 次印刷
书　　号：ISBN 978-7-5435-8740-3
定　　价：45.00 元

如发现图书有印装质量问题，影响阅读，请与出版社联系调换。